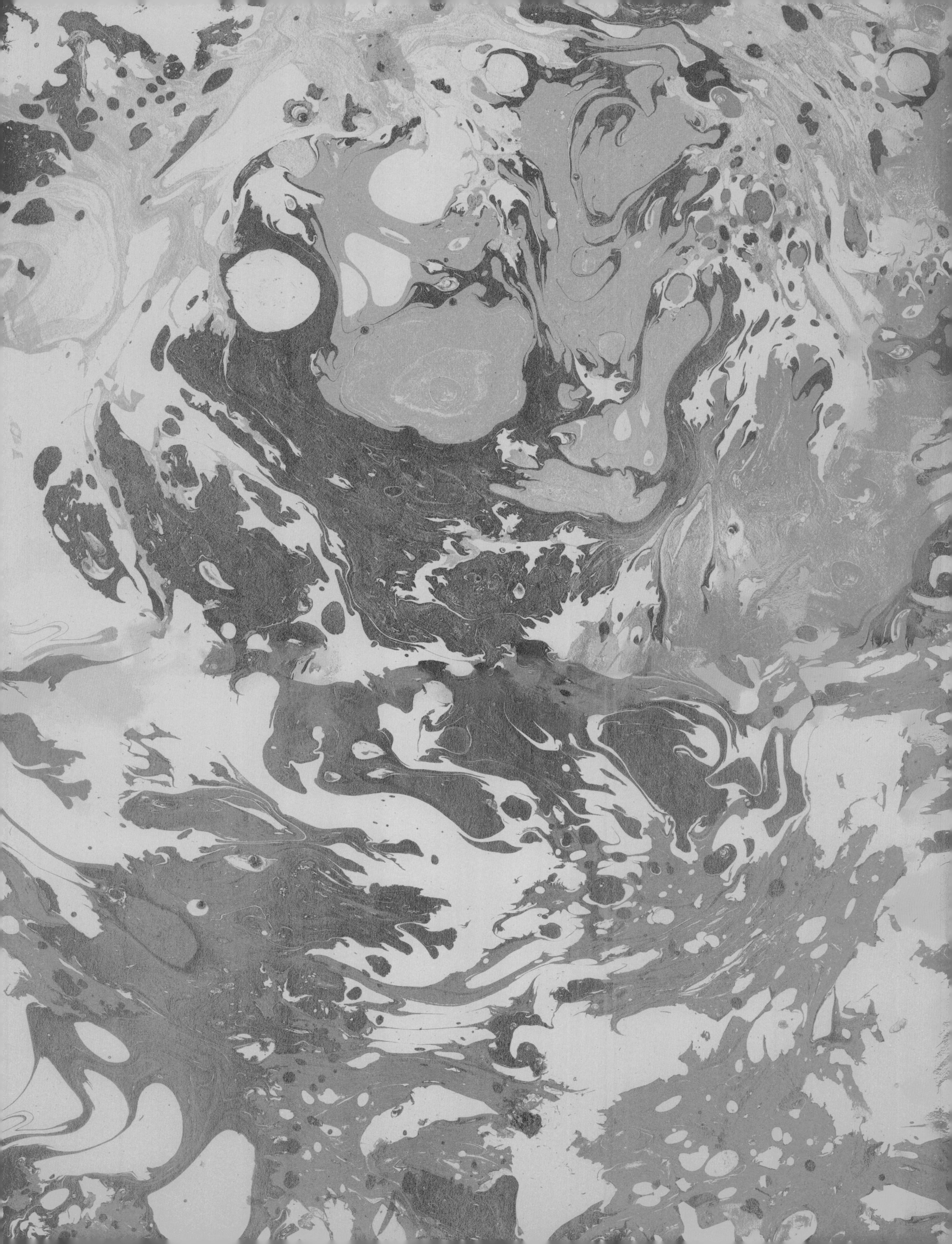

MIX
Papier | Fördert
gute Waldnutzung
FSC® C019910

Penguin Random House Verlagsgruppe
FSC® N001967

Für Charlie, der im Jahr 2007 in der Bucht von Lulworth akribisch Kieselsteine vermaß.
Für June, die im Jahr 1941 während der kriegsbedingten Verdunkelung von London aus Nordlichter beobachtete.
Für meinen Bruder und meine Großmutter und für alle, die gerne lernen. — J. S.

1. Auflage 2024
Text und Illustrationen © 2024 Jennifer N. R. Smith
© der deutschsprachigen Ausgabe 2024 cbj Kinder- und Jugendbuchverlag in der Penguin Random House Verlagsgruppe GmbH, Neumarkter Str. 28, 81673 München
Alle deutschsprachigen Rechte vorbehalten
Zuerst erschienen 2024 unter dem Titel »BANG – the Wild Wonders of Natural Phenomena« bei Thames & Hudson Ltd, 181A High Holborn, London WC1V 7QX
Übersetzung aus dem Englischen: Ulrike Hauswaldt
Cover- und Innenillustration: Jennifer N. R. Smith
Umschlagkonzeption: Lena Ellermann, Potsdam
aw · Herstellung: aw
Satz: Lorenz+Zeller GmbH, Inning a. A.
Druck: Artron Art (Group) Co., Ltd.
ISBN 978-3-570-18160-7
Printed in China

www.cbj-verlag.de

JENNIFER N. R. SMITH

BANG

DIE SPEKTAKULÄRSTEN
NATURPHÄNOMENE
DER ERDE

cbj

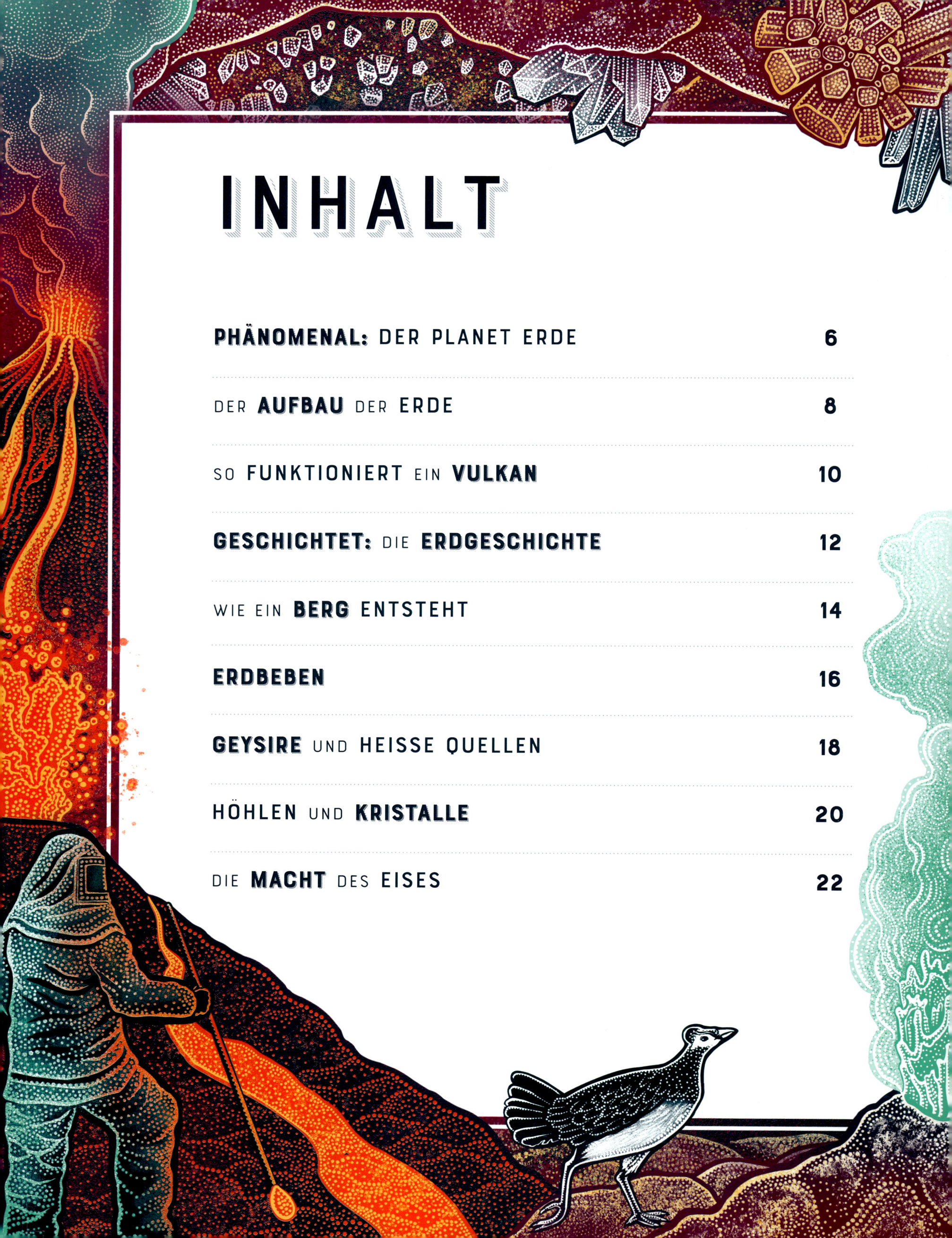

INHALT

PHÄNOMENAL: DER PLANET ERDE — 6

DER **AUFBAU** DER **ERDE** — 8

SO FUNKTIONIERT EIN **VULKAN** — 10

GESCHICHTET: DIE **ERDGESCHICHTE** — 12

WIE EIN **BERG** ENTSTEHT — 14

ERDBEBEN — 16

GEYSIRE UND HEISSE QUELLEN — 18

HÖHLEN UND **KRISTALLE** — 20

DIE **MACHT** DES EISES — 22

DIE **WUNDER** DER MEERE   **24**

MAGISCHES **HIMMELSLEUCHTEN**   **26**

WOLKE IST NICHT GLEICH **WOLKE**   **28**

GEWITTER UND STÜRME   **30**

LICHTPHÄNOMENE   **32**

ABENTEUER **GEOWISSENSCHAFTEN**   **34**

SAGEN UND **LEGENDEN** ÜBER DIE **ERDE**   **36**

GLOSSAR   **38**

REGISTER   **40**

PHÄNOMENAL:

DER PLANET ERDE

WRAMMM! EIN VULKAN IN INDONESIEN SPEIT EIN ROTES FEUERWERK aus glühender Lava in den Himmel. Gleichzeitig betrachtet ein Polarfuchs, Tausende Kilometer entfernt, tanzende grüne Ströme aus Licht am Nachthimmel. Die Erde ist voller spektakulärer Naturphänomene.

Das Wort **PHÄNOMEN** bedeutet »Erscheinung«; es bezeichnet etwas, das wir mit unseren Sinnen wahrnehmen können. Wir sehen den Blitz, hören den Donner. Beides sind Naturphänomene. Sie ereignen sich ohne unser Dazutun. Die Erde ist ein lebendiger Planet, in dem und auf dem es viel Bewegung und Veränderung gibt.

Manche Naturphänomene wie den Regenbogen kann man überall und häufig erleben. Andere sind selten oder finden nur in ganz bestimmten Gegenden statt. Das gilt z. B. für Vulkane.

Was du in deiner Gegend an Naturphänomenen erleben kannst, hängt stark von dem **Klima** bei euch ab und von dem **Gestein,** das bei euch vorherrscht.

Gebirge, Vulkane, **Geysire** und Erdbeben sind vor allem dort zu finden, wo die riesigen Erdplatten aufeinanderstoßen. Die Plattengrenzen siehst du hier als orangegelbe Linien.

NORD AMERI

PAZIFISCHER OZEAN

—— Äquator

---- Plattengrenzen

ABBILDUNGEN

1. POLARFUCHS, KANADA **2.** GEYSIR IM BOGORIASEE, KENIA
3. NARUTO-STRUDEL, JAPAN **4.** ANDEN-GEBIRGE, SÜDAMERIKA
5. GLETSCHER UND EISBERGE, ANTARKTIS
6. DER VULKAN MERAPI, INDONESIEN

1.

2.

3.

NORDPOLARMEER

EUROPA

ASIEN

ATLANTISCHER
OZEAN

AFRIKA

SÜDAMERIKA

INDISCHER
OZEAN

AUSTRALIEN

SÜDPOLARMEER

ANTARKTIS

6.

5.

7

DER AUFBAU DER ERDE

HÄTTEST DU GERNE EIN STÜCK? UM DIE NATURPHÄNOMENE IN DIESEM BUCH BESSER ZU VERSTEHEN, ist es gut, sich erst mal anzusehen, wie die Erde aufgebaut ist. Wenn du dir ein Stück aus der Erde herausschneiden könntest, würdest du feststellen, dass die Erde außen eine Kruste hat, wie eine frisch frittierte Falafel. Doch unter der harten Oberfläche ist sie nicht so fest, wie sie aussieht! Je weiter es ins Innere geht, desto heißer wird es. So heiß, dass Gestein und Metalle schmelzen und flüssig werden.

EIN AUSSCHNITT AUS DER ERDE

DIE ATMOSPHÄRE

Die äußerste Schicht der Erde, die Atmosphäre, umhüllt den Planeten als schützende Luftblase. Sie besteht aus verschiedenen Gasen, zu denen auch der Sauerstoff gehört, den wir zum Atmen brauchen. In der Atmosphäre finden eindrucksvolle Naturphänomene statt, z. B. Stürme und **Polarlichter**.

DIE ERDKRUSTE

Die Erde erscheint uns deswegen so hart und fest, weil wir auf der Kruste leben. Die Kruste, aus festem Gestein bestehend, ist die dünnste Schicht der Erde. Sie besteht aus riesigen sogenannten **tektonischen Platten** (Erdplatten), die wie Puzzleteile zusammenpassen.

DER ERDMANTEL

Die Gesteinsschicht unter der Erdkruste wird als Mantel bezeichnet. Sie ist heiß und dickflüssig, wie die klebrige Füllung einer Torte. Die Masse im Erdmantel ist ständig in Bewegung: Vom Erdkern erhitzt, steigt sie in Richtung Kruste, kühlt ab und sinkt langsam wieder in Richtung Kern.

DER ÄUSSERE KERN

Noch weiter innen liegt der äußere Erdkern, der aus flüssigem Metall besteht. Sowohl im äußeren als auch im inneren Kern ist es sehr heiß, um die 5200 °C!

DER INNERE KERN

Den Mittelpunkt der Erde bildet ein Kern aus festen Metallen: Eisen und Nickel. In der unglaublichen Tiefe von 6200 km unter der Kruste herrscht ein so hoher Druck, dass die Metalle nicht schmelzen können, obwohl es so heiß ist.

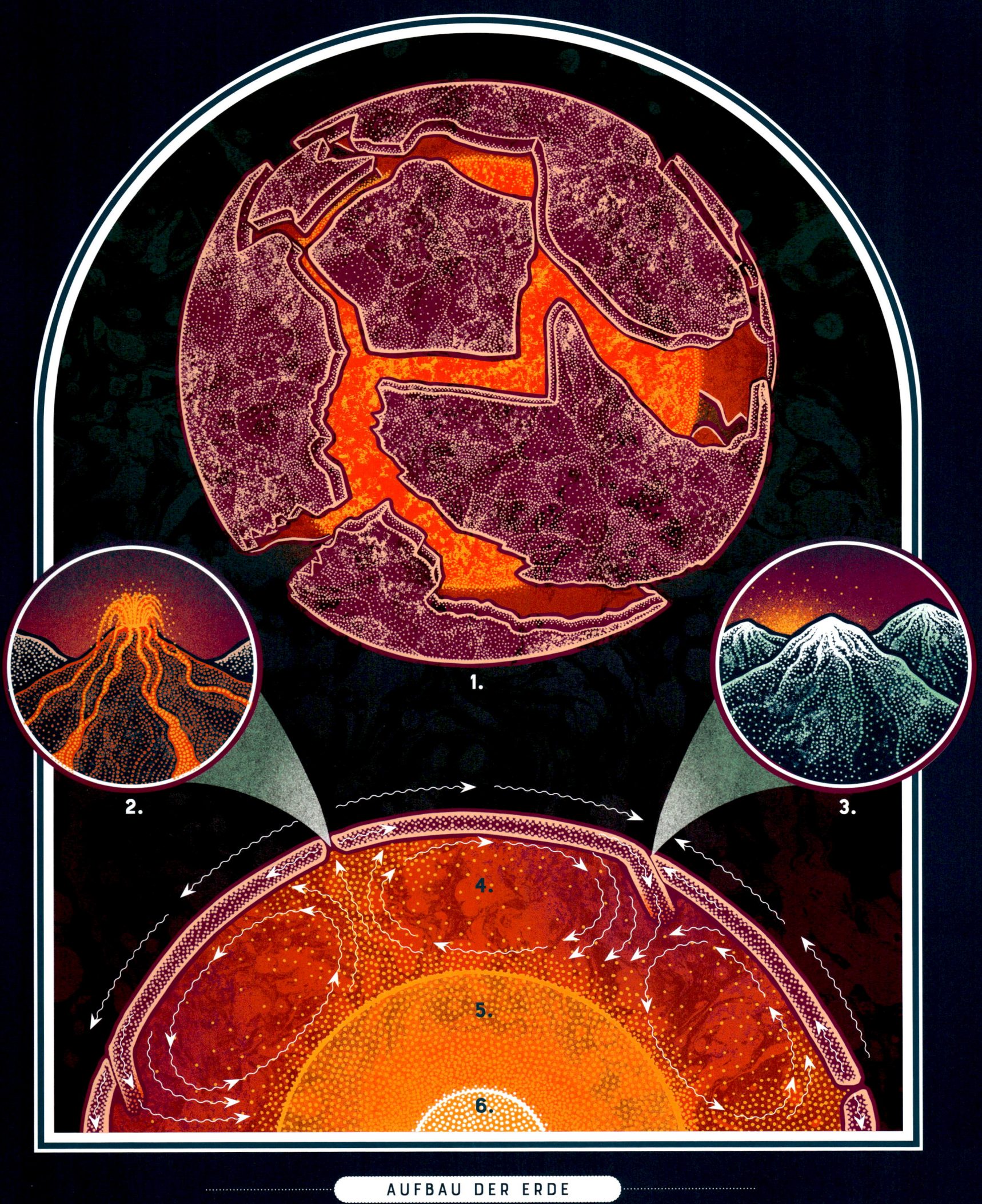

AUFBAU DER ERDE

1. TEKTONISCHE PLATTEN (IN DER DARSTELLUNG ETWAS ANGEHOBEN) 2. VULKANE ENTSTEHEN DORT, WO DIE ERDPLATTEN AUSEINANDERDRIFTEN. 3. BERGKETTEN BILDEN SICH DORT, WO SICH DIE PLATTEN AUFEINANDER ZUBEWEGEN. 4. ZÄHFLÜSSIGES GESTEIN BEWEGT SICH IM ERDMANTEL. 5. ÄUSSERER ERDKERN 6. INNERER ERDKERN

Die Erdkruste besteht aus einzelnen tektonischen Platten. Unter diesen Platten ist der Erdmantel, wo kühleres flüssiges Gestein absinkt und heißes flüssiges Gestein aufsteigt. Dadurch werden auch die tektonischen Platten bewegt. Je nach Bewegung im Mantel können sie sich miteinander verschieben, aber auch voneinander weg oder aufeinander zu. Die meisten Vulkane, Gebirge und Erdbeben sind dort, wo die Plattengrenzen verlaufen.

so FUNKTIONIERT EIN VULKAN

EIN MÄCHTIGES GROLLEN – DANN SCHIESST PLÖTZLICH EINE HEISSE FONTÄNE AUS
dem Berg. Die Lava fließt als dicker Glutbrei den Berg hinab, sammelt sich in Mulden und kühlt
dabei langsam ab, erhärtet und bildet neues Gestein. Ein Vulkan ist eine Öffnung in der Erdkruste,
durch die heißes Gestein, Gase und Asche aus dem Erdmantel nach außen dringen können.
Das geschieht meistens sehr plötzlich. Deswegen spricht man von einem Vulkanausbruch.

....

SCHILDVULKAN

SCHICHTVULKAN

VERFLIXT HEISS HIER!

Das geschmolzene Gestein unter der Erdkruste heißt **Magma.** Wenn es an die
Oberfläche dringt, wird es **Lava** genannt. Lava kann bis zu 1250 °C heiß sein!

Es gibt unterschiedliche Arten von Vulkanen, die sich zwei Typen zuordnen lassen:
den **Schildvulkanen** und den **Schichtvulkane**n. Schildvulkane sind flach und
weniger explosiv. Beim Ausbruch quillt das Magma einfach nach außen und fließt
als Lava nach allen Seiten ab.

Schichtvulkane, auch Stratovulkane genannt, haben einen hohen Gipfel und steile
Hänge und brechen sehr viel gewaltsamer aus. Sie schleudern die Lava in hohen
Fontänen aus dem Berginneren und stoßen große **Aschewolken** aus.
Sie können auch die gefährlichen **pyroklastischen Ströme** erzeugen,
die mit großer Geschwindigkeit heiße Asche, Lavabrocken und Gase
bewegen. Pyroklastische Ströme können sich sogar über Wasser
fortbewegen und sind sehr zerstörerisch.

Wie heftig ein Vulkanausbruch ist, hängt davon ab, wie schnell Gase
aus dem Magma entweichen können. Je dicker und zäher das Magma
ist, desto stärker werden die Gasbläschen darin festgehalten. Sie
können nicht entweichen. Dadurch entsteht Druck in der Magmakammer, bis schließlich ... BANG!

Nicht alle Vulkane sind aktiv. Manche Vulkane werden niemals
wieder ausbrechen. Sie sind **erloschen.** Andere Vulkane bezeichnet
man als »schlafend«: Bei ihnen gab es zwar schon lange keinen
Ausbruch mehr, doch in der Zukunft könnte es dazu kommen.

MIT VULKANEN LEBEN

Man sollte meinen, dass alle Lebewesen Vulkane meiden. Wer will
schon gerne von einem Vulkanausbruch überrascht werden? Tatsächlich
siedeln sich aber bald nach einem Vulkanausbruch viele Pflanzen an.
Vulkanischer Boden ist reich an **Mineralien** und sehr fruchtbar.

Auch manche Tierarten haben sich an das Leben in der Nähe von Vulkanen
angepasst. Das Hammerhuhn aus Indonesien vergräbt seine Eier in der
Nähe von Vulkanen und lässt sie von der Wärme der Sonne und des Vulkans
ausbrüten. Wenn die Küken schlüpfen, müssen sie sich an die Oberfläche
graben. Dann heißt es, bloß weg hier und ab in den Wald.

HAMMERHUHN,
INDONESIEN

QUERSCHNITT EINES VULKANS

1. ASCHEWOLKE **2.** LAVAFONTÄNE **3.** LAVABROCKEN **4.** KRATERRAND **5.** KRATER **6.** NEBENKRATER **7.** HAUPTSCHLOT

8. NEBENSCHLOT **9.** ALTE LAVASCHICHTEN VON FRÜHEREN AUSBRÜCHEN **10.** MAGMAKAMMER

GESCHICHTET:
DIE ERDGESCHICHTE

ÜBER DIE ERDGESCHICHTE KANN MAN VIELES HERAUSFINDEN, WENN MAN DIE ERDKRUSTE UNTERSUCHT.

Ob es um Eiszeiten geht oder um Dinosaurier – Schichten aus Gestein erzählen die Geschichte unserer Erde.

MAGMATIT

METAMORPHIT

SEDIMENTGESTEIN

LEBENDER AMMONIT AUS DEM JURA

WIE MAN STEINE LIEST

Es gibt drei große Gruppen von Gesteinen: Magmatite, Sedimente und Metamorphite. An ihrem Aussehen kann man ablesen, wie sie entstanden sind.

Magmatite sind aus Magma oder Lava entstanden, die sich abgekühlt haben und fest geworden sind. Sie bezeugen vulkanische Vorgänge in der Vergangenheit, sind sehr bruchfest und meistens dunkel. Manche Magmatite, z. B. Bimssteine, haben eine poröse Struktur mit vielen kleinen Löchern. Diese haben die der Lava entweichenden Gasbläschen im Stein hinterlassen.

Metamorphite waren ursprünglich andere Gesteine, die durch Hitze und Druck verformt und verändert worden sind. Sie bilden sich vor allem im Erdmantel. Durch die Veränderung (Metamorphose) haben sie manchmal interessante Muster. Marmor ist ein Beispiel für ein metamorphes Gestein.

Sedimentgestein entsteht aus Sandkörnern, verwitterten, zerbröckelten Steinen und **organischem Material** an der Erdoberfläche, die von anderem Material zugedeckt werden und unter Druck allmählich miteinander verkleben. Ein typisches Merkmal von Sedimentgestein ist seine Schichtung. An den Schichtgrenzen bricht das Gestein sehr leicht. Das sieht man zum Beispiel beim Kalkstein. Manchmal bleiben größere organische Reste, wie z. B. Muscheln oder Knochen, als **Fossilien** im Gestein erhalten.

SO ENTSTEHT EIN FOSSIL

In den Schichten von Sedimentgestein kann man **Versteinerungen** von Pflanzen und Tieren finden. Solche Fossilien entstehen, wenn ein totes Tier oder eine Pflanze von Sedimenten wie Sand und Steinchen zugedeckt wird. Das geschieht zum Beispiel im Flussbett langsam fließender Flüsse oder in Seen.
Die weichen Teile des toten Tiers verwesen schnell, doch die harten Teile wie Knochen, Muschelschalen oder Schneckengehäuse bleiben noch lange zurück.

Nehmen wir das Schneckengehäuse als Beispiel. Wenn die Bedingungen stimmen, kann es sich im Lauf der Jahrmillionen in Gestein verwandeln. In alle Ritzen und Löcher des eingeschlossenen Gehäuses dringen Mineralien ein. Das organische Material wird mit der Zeit abgebaut und von den im Wasser gelösten Mineralien ersetzt. Auf diese Weise entsteht eine originalgetreue Steinkopie der früheren Schnecke – ein Fossil.

EINE REISE DURCH DIE ZEIT

Die Schichten der Erdkruste bilden eine Zeitleiste. Eine Gesteinsschicht ist umso älter, je tiefer sie liegt. Allerdings müssen wir bedenken, dass die Schichten oft verformt und verschoben werden und durch Erdbeben an die Erdoberfläche gelangen können. Dort sind sie der **Erosion** (Verwitterung) ausgesetzt. Und wir können sie leichter untersuchen!

Die Erdgeschichte wird in Zeitalter aufgeteilt, die sich alle auf Jahrmillionen erstrecken. Das Ende eines Erdzeitalters wird durch eine große klimatische Veränderung bzw. eine Umweltveränderung ausgelöst. Die Ursache dafür ist meist ein umwälzendes Ereignis, das zu einem massenhaften **Aussterben** von Tieren und Pflanzen führt. Danach lebten dann ganz andere Pflanzen und Tiere auf der Erde.

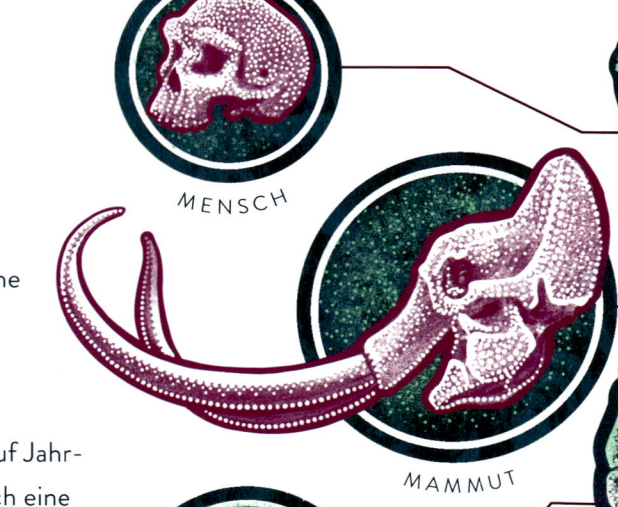

MENSCH

MAMMUT

MERYCOIDODON

KREBS

VELOCIRAPTOR

SEELILIE

ALLOSAURUS

COELOPHYSIS

DIMETRODON

FRÜHER NADELBAUM

AMPHIBAMUS LYELLI

FARN

ARMFÜSSER

SEESTERN

NAUTILOIDEA

TRILOBIT

QUARTÄR
Gegenwart – vor 2,6 Millionen Jahren

NEOGEN
Vor 2,6 – vor 23 Millionen Jahren

PALÄOGEN
Vor 23 – vor 66 Millionen Jahren

KREIDEZEIT
Vor 66 – vor 145 Millionen Jahren

JURA
Vor 145 – vor 201 Millionen Jahren

TRIAS
Vor 201 – vor 252 Millionen Jahren

PERM
Vor 252 – vor 299 Millionen Jahren

KARBON
Vor 299 – vor 359 Millionen Jahren

DEVON
Vor 359 – vor 419 Millionen Jahren

SILUR
Vor 419 – vor 443 Millionen Jahren

ORDOVIZIUM
Vor 443 – vor 485 Millionen Jahren

KAMBRIUM
Vor 485 – vor 539 Millionen Jahren

PRÄKAMBRIUM
Vor 539 Millionen – vor 4,6 Milliarden Jahren

WIE EIN BERG ENTSTEHT

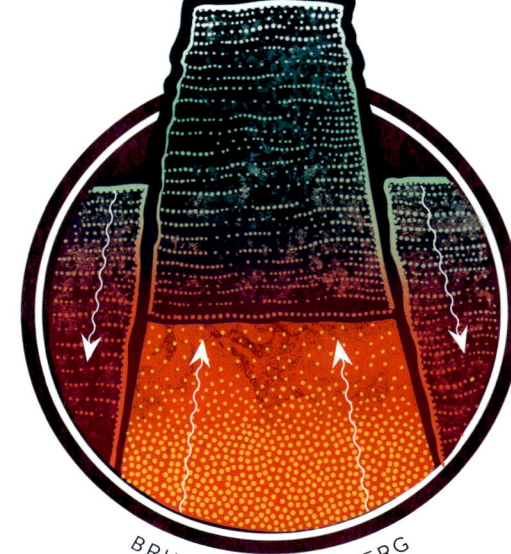

BRUCHSCHOLLENBERG

ERHABEN, AUFREGEND UND VOLLER ABENTEUER –
Berge gibt es überall auf der Welt. Aber wie kommt es
dazu, dass ein Gebirge entsteht?

....

ERDPLATTEN PRALLEN AUFEINANDER

Die meisten Gebirge entstehen dadurch, dass
sich Erdplatten aufeinander zubewegen. Die
eine Platte drückt auf die andere und lässt sie
»Wellen schlagen«: Ein Gebirge faltet sich auf.
Der hügelige Plattenrand wird außerdem in die
Höhe gedrückt, weil sich die andere Platte
darunterschiebt. Die Alpen und der Himalaja
sind Beispiele solcher **Faltengebirge.**

DIE ERDKRUSTE REISST

Aber auch innerhalb der Erdplatten gibt es
Spannungen, die dazu führen, dass einzelne
Stücke **(Schollen)** herausbrechen und sich aus
der Umgebung heraus nach oben schieben.
Ein solches **Bruchschollengebirge** ist der Harz.

MAGMA DRÜCKT NACH OBEN

Kuppelberge bilden sich, wenn Magma die
Erdkruste nach oben drückt und dann zu
Vulkangestein erstarrt. **Vulkanische Berge**
werden durch Vulkanausbrüche geformt. Ist der
Vulkan aktiv, kann sich das Aussehen des Bergs
weiter verändern. Der Fuji in Japan ist ein
Beispiel für einen aktiven Vulkan.

VON DEN ELEMENTEN GEFORMT

Berge werden auch durch Wind und
Wasser und den Wechsel von Sonne und
Frost geformt: Sie verwittern. Felsen
brechen auseinander und zerfallen in kleinere
Brocken. Das Gestein wird mit der Zeit
abgetragen. Ein **Plateau** ist eine hoch
gelegene flache Landschaft, die von tiefen
Flusstälern durchschnitten ist. Das Wasser
hat sich seinen Weg durch das Gestein
gebahnt. Die Blue Mountains in Australien
sind ein Beispiel hierfür.

FALTENGEBIRGE

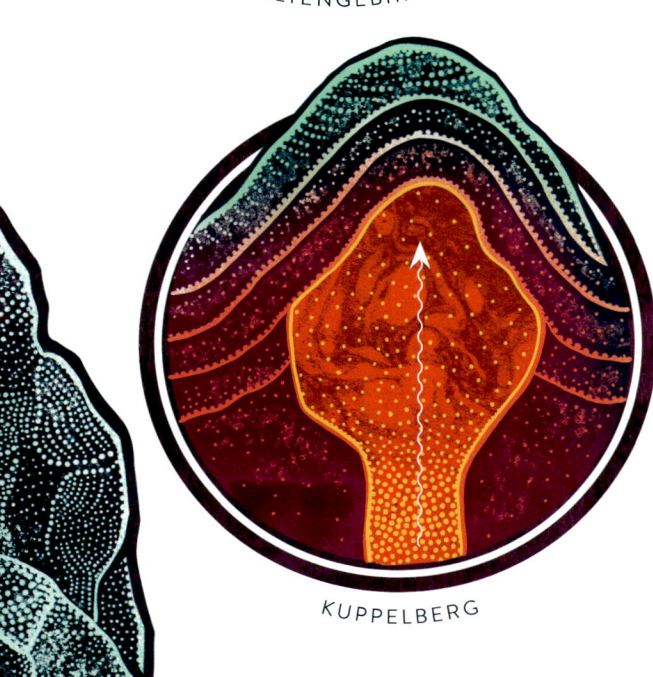

KUPPELBERG

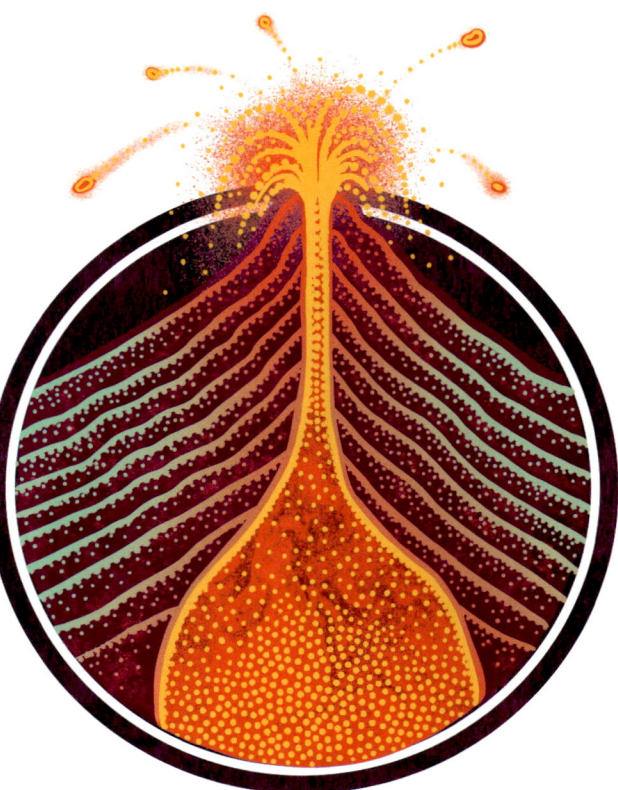

VULKAN

GEBIRGSPLATEAU

DER HÖCHSTE BERG DER WELT

1. MOUNT EVEREST, mit 8849 m über dem Meeresspiegel der höchste Berg der Erde

2. TENZING NORGAY & **3.** EDMUND HILLARY – die ersten Menschen, die den Gipfel des Mount Everest im Himalaja erklommen haben, sind die Bergsteiger Tenzing Norgay aus Nepal und Edmund Hillary aus Neuseeland.

4. ASIATISCHER STEINBOCK – dieser geschickte Kletterer kommt in den steilen Hängen des Himalaja-Gebirges sehr gut zurecht.

ERDBEBEN

DU SPÜRST EINEN HEFTIGEN RUCK. ALLES BEWEGT SICH PLÖTZLICH. ES FÜHLT SICH SO AN,
als wärst du auf See, dabei bist du doch an Land. Was geschieht hier gerade? Alle 30 Sekunden ereignet sich irgendwo auf der Welt ein Erdbeben. Die meisten sind nur leicht und werden überhaupt nicht bemerkt, aber schwerere Beben können große Schäden anrichten.

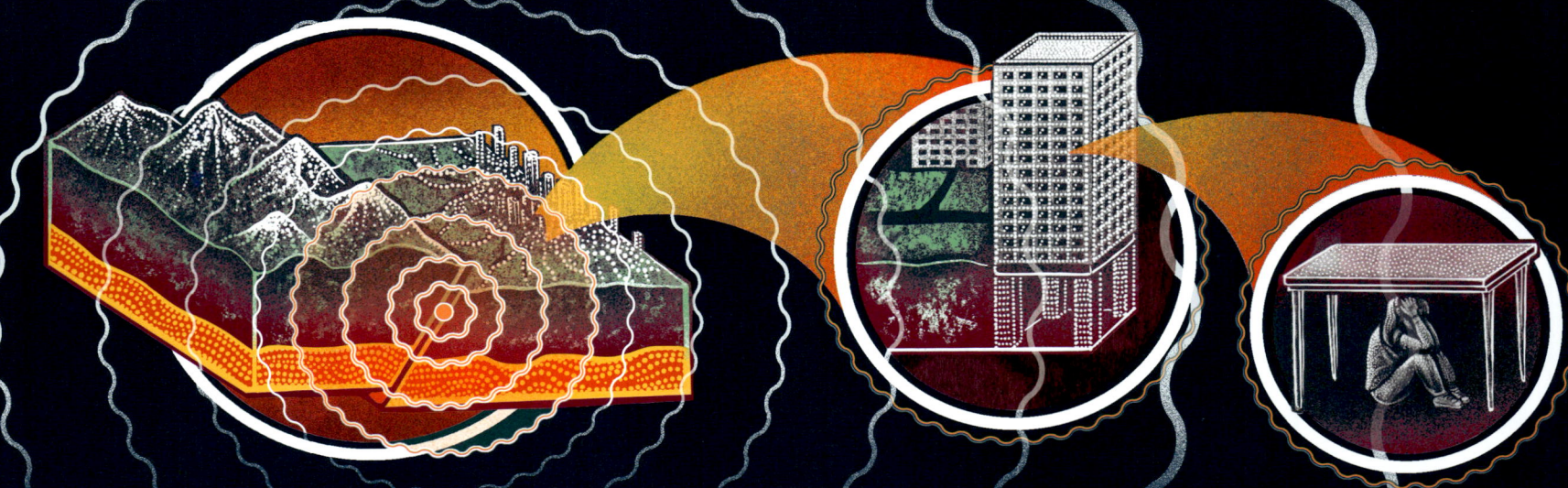

WODURCH ENTSTEHT EIN ERDBEBEN?

Die tektonischen Platten sind ständig in Bewegung, wenn auch sehr langsam. Manchmal verhaken sie sich ineinander und reißen sich dann plötzlich los. Das spüren wir als Erdbeben. Stell dir vor, deine Handflächen wären Erdplatten. Presse sie fest gegeneinander. Dann versuche sie langsam gegeneinander zu verschieben. Du wirst feststellen, dass sie aneinander haften bleiben und die Bewegung ruckartig verläuft. So ähnlich ist das bei den Erdplatten auch. Sie sind schließlich nicht glatt. Durch die **Reibung** entstehen ruckartige Erdbewegungen, die Erdbeben.

VORHERSAGEN, VORSICHTSMASSNAHMEN TREFFEN, ÜBERLEBEN

Es ist nicht schwierig vorherzusagen, wo sich Erdbeben ereignen werden, denn sie finden dort statt, wo die Erdplatten aneinanderstoßen. Kniffliger ist es, vorherzusagen, *wann* sie sich ereignen werden und mit welcher Schwere zu rechnen ist. In Ländern, die häufig von Erdbeben betroffen sind, schützt man sich auf unterschiedliche Weise: Es gibt zum Beispiel erdbebensichere Häuser. Sie stehen auf Gummipuffern, die die Erschütterung abfedern, und sind mit Stahlrahmen verstärkt, sodass sie mit der Bewegung mitschwingen können. Solche Bauwerke sind allerdings sehr teuer. Üblich sind regelmäßige Erdbebenübungen an Schulen und in Betrieben, damit sich alle richtig verhalten, wenn die Erde bebt: unter einem Tisch Schutz vor herabfallenden Trümmern suchen.

TSUNAMIS

Viele Erdbeben sind Seebeben: Sie ereignen sich am Meeresboden. Starke Seebeben können mit einem Ruck große Wassermassen verschieben, was riesige Flutwellen auslöst. Diese Flutwellen, **Tsunami** genannt, sind manchmal sehr zerstörerisch. Sie können die Küste überfluten und Menschen, Tiere und ganze Häuser einfach mit sich reißen.

Auch wenn sich Tsunamis schnell bewegen, ist es möglich, die Küstenbevölkerung einige Stunden vor ihrem Heranrollen zu warnen. Damit Seebeben rechtzeitig erkannt werden, arbeiten die Warndienste der betroffenen Küstenstaaten eng zusammen und informieren sich gegenseitig. 80 % aller Tsunamis entstehen im sogenannten Pazifischen Feuerring, einem langen Streifen entlang der Küsten, die den Pazifischen Ozean begrenzen.

SPAZIERGANG ZWISCHEN ERDPLATTEN

1. AMERIKANISCHE PLATTE **2.** EURASISCHE PLATTE **3.** NORDATLANTISCHER RÜCKEN

Grabenbrüche sind große Einschnitte in der Erdoberfläche, Dehnungszonen der Kruste, die dadurch entstehen, dass zwei Erdplatten auseinanderdriften. Erdbeben sind hier sehr häufig. Die Thingvellir-Grabenbruchzone in Island ist die einzige Gegend auf der ganzen Erde, wo du zwischen zwei Erdplatten hindurchspazieren kannst! Auf der einen Seite befindet sich die Amerikanische, auf der anderen die Eurasische Platte. Mit einer Geschwindigkeit von 2 cm im Jahr bewegen sich die Platten superlangsam auseinander. Doch bewirkt die Plattenbewegung, dass sich jedes Jahr Tausende Erdbeben in Island ereignen. Die meisten von ihnen sind ganz leichte Beben, die man kaum bemerkt.

GEYSIRE UND HEISSE QUELLEN

EINE KLEINE MENSCHENMENGE STEHT UM EIN SCHLAMMIGES WASSERLOCH
herum, von einem Seil auf Sicherheitsabstand gehalten. Es riecht verdächtig nach faulen Eiern. Die Leute starren schon eine ganze Weile auf die trübe Pfütze. Als plötzlich ein heißer Strahl aus Wasser und Dunst in die Höhe schießt, bricht Jubel aus.

EIN WASCHECHTER GEYSIR

Geysire sind natürliche heiße Springbrunnen, die in der Nähe von Vulkanen vorkommen. Sie stoßen in mehr oder weniger regelmäßigen Abständen heißes Wasser aus. Jeder Geysir hat da seinen eigenen Rhythmus.

Der Geysir »Old Faithful« im Yellowstone-Nationalpark/USA braucht mindestens 35 Minuten zwischen zwei Ausbrüchen. Aber es kann auch zwei Stunden dauern, bis wieder eine riesige, bis zu 56 m hohe Wasserfontäne hochschießt!

BÄRTIERCHEN

GEYSIR

DAMPFKOCHTOPF UNTER DER ERDE

Ein Geysir hat ein unterirdisches Leitungssystem. Regenwasser dringt in den Boden ein und sickert hinab zum **Grundwasser**. Dort wird es von vulkanischem Magma erhitzt und steigt durch Hohlräume, Ritzen und Schächte im Gestein nach oben. Damit es zu einem plötzlichen Austritt von heißem Wasser kommen kann, muss der Schacht mindestens eine größere Kammer und darüber eine enge Stelle haben. Wenn das Wasser kocht, schießen Wasser und Dampf unter hohem Druck nach oben.

Wenn du dich einem Geysir näherst, stellst du vielleicht fest, dass es etwas nach verfaulten Eiern riecht. Das liegt daran, dass das Wasser besonders viel Schwefel enthält.

DURCH KOCHENDES WASSER ENTSTEHT HOHER DRUCK.

WASSER- UND DAMPFKAMMER

ECHTE ÜBERLEBENSKÜNSTLER

Für die meisten Lebewesen wären die Temperaturen von Geysiren tödlich, doch die Bärtierchen, winzige Kleinstlebewesen, stört die Hitze offenbar nicht. Bärtierchen sind echte Überlebenskünstler. Sie können Extremtemperaturen (auch Kälte), Druck und Nahrungsmangel gut aushalten. Sie haben sogar im Weltraum überlebt!

DAS GRUNDWASSER IN DER NÄHE DES MAGMAS HEIZT SICH AUF.

MAGMA

EIN WARMES BAD IM FREIEN

Alle Geysire sind **heiße Quellen,** aber nicht alle heißen Quellen sind Geysire. Manche weiten sich an der Oberfläche zu natürlichen Warmbadebecken. Wie die Geysire speisen sie sich aus Grundwasser, das von Magma aufgeheizt wird. Anders als bei den Geysiren kann das Wasser aber langsam nach oben steigen, ohne enge Stellen, die wie Druckventile wirken. In solchen natürlichen Heißwasserbecken haben die Menschen schon vor Jahrtausenden gebadet.

AUCH AFFEN CHILLEN GERN IM POOL

Im Joshin'etsu-kogen-Nationalpark in Japan kann man Schneeaffen beim Planschen in heißen Quellbecken beobachten, die extra für sie ausgebaut worden sind. Es heißt, dass die Affen in den 60er Jahren Menschen dabei beobachtet haben, wie sie sich in dem heißen Wasser entspannten. Sie erkannten wohl sofort, dass es auch für sie wunderbar wäre, sich in dem Wasser aufzuwärmen. Generationen von Affen haben das warme Wasser seitdem genossen!

HÖHLEN UND KRISTALLE

ECHO-CHO-HOO! IN EINER HÖHLE WIRD DEINE STIMME ALS ECHO VON DEN
Wänden zurückgeworfen. Tropfsteine hängen von der Decke und erheben sich vom Boden.
Im Schein der Taschenlampe glitzern Kristalle.

....

SO ENTSTEHT EINE HÖHLE

Die meisten Höhlen bilden sich dadurch, dass Regenwasser, das leicht
sauer ist, in den Boden sickert und Mineralien aus weichem Gestein wie
z. B. Kalkstein herauslöst. Diesen Vorgang bezeichnet man als chemische
Verwitterung (Korrosion). Dadurch entstehen Löcher, aus denen im
Laufe der Zeit Höhlen und Schächte werden können.

Auch an Steilufern bilden sich Höhlen, wenn das Meerwasser bei Flut
gegen das Ufer schlägt und das Gestein mit der Zeit aushöhlt. Solche
Höhlen nennt man **Brandungshöhlen**.

Höhlen entstehen zudem durch Vulkanismus: Wenn die Lava aus
einem Vulkan herausströmt, kühlt sie außen zuerst ab und beginnt zu
verkrusten, während sie im Innern noch heißflüssig ist und weiterfließt.
Es bilden sich lang gestreckte Hohlräume, die **Lavaröhren**.

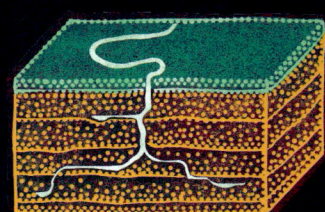

1. REGENWASSER DRINGT
IN DEN BODEN EIN.

2. ES LÖST MINERALIEN AUS DEM
GESTEIN. EIN HOHLRAUM ENTSTEHT.

1. EIN GROSSER
LAVASTROM WIRD AN
DER OBERFLÄCHE FEST.

2. DIE LAVA FLIESST INNEN
WEITER UND HINTERLÄSST
EINE LAVARÖHRE.

STALAKTIT

STALAGNAT

STALAGMIT

SPITZE DOLCHE IM HÖHLENDUNKEL

In einer Kalksteinhöhle tropft oft Wasser von der Decke, das mit jedem
hängenden oder fallenden Tropfen auch Mineralien an der Decke bzw.
auf dem Boden hinterlässt. Das Wasser verdunstet, die Mineralien
bleiben. Da Stein aus Mineralien besteht, bilden sich mit der Zeit sehr
interessant aussehende neue Steine. Die von der Decke hängenden
Tropfsteine, die an Eiszapfen erinnern, werden **Stalaktiten** genannt.
Vom Boden aufragende Tropfsteine heißen **Stalagmiten.**

Eine Eselsbrücke, um sich das zu merken, sind die Großbuchstaben:
Das T in STALAK**T**IT sieht wie ein von der Decke hängender Tropfstein
aus, das M in STALAG**M**IT wie zwei nebeneinander auf dem Boden
stehende Tropfsteine. Manchmal begegnen sich ein Stalaktit und ein
Stalagmit und wachsen in der Mitte zusammen. Solche säulenförmigen
Tropfsteine heißen **Stalagnat**.

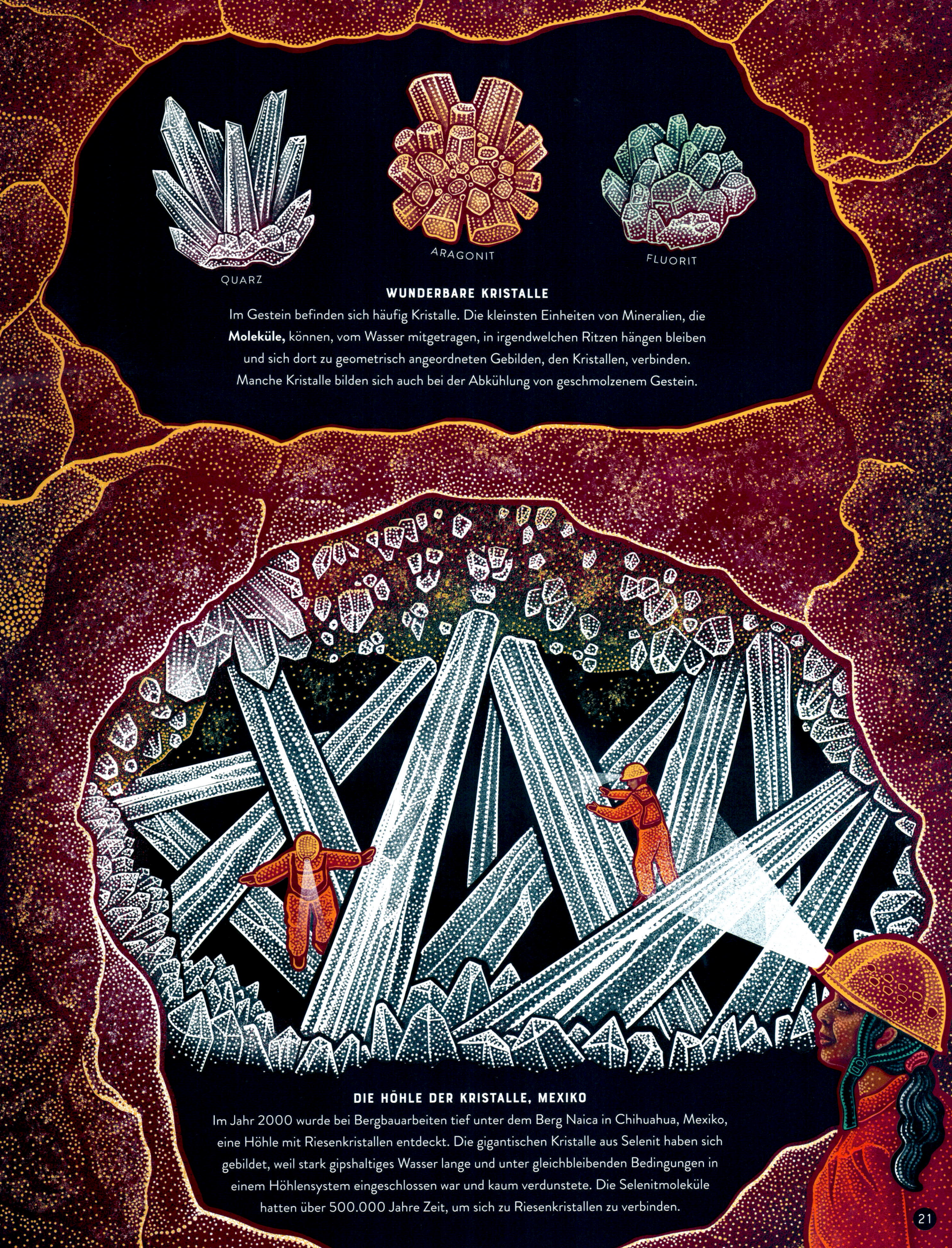

QUARZ

ARAGONIT

FLUORIT

WUNDERBARE KRISTALLE

Im Gestein befinden sich häufig Kristalle. Die kleinsten Einheiten von Mineralien, die **Moleküle,** können, vom Wasser mitgetragen, in irgendwelchen Ritzen hängen bleiben und sich dort zu geometrisch angeordneten Gebilden, den Kristallen, verbinden. Manche Kristalle bilden sich auch bei der Abkühlung von geschmolzenem Gestein.

DIE HÖHLE DER KRISTALLE, MEXIKO

Im Jahr 2000 wurde bei Bergbauarbeiten tief unter dem Berg Naica in Chihuahua, Mexiko, eine Höhle mit Riesenkristallen entdeckt. Die gigantischen Kristalle aus Selenit haben sich gebildet, weil stark gipshaltiges Wasser lange und unter gleichbleibenden Bedingungen in einem Höhlensystem eingeschlossen war und kaum verdunstete. Die Selenitmoleküle hatten über 500.000 Jahre Zeit, um sich zu Riesenkristallen zu verbinden.

DIE MACHT DES EISES

EIS GEHÖRT ZU DEN STÄRKSTEN KRÄFTEN, DIE UNSERE ERDE FORMEN.

ZEITALTER VON EIS UND SCHNEE

In der 4,5 Milliarden Jahre langen Erdgeschichte gab es immer wieder längere Phasen, in denen es kalt war und die Pole von Eis bedeckt waren. Diese Zeiten heißen **Eiszeiten.** Wir befinden uns übrigens auch gerade in einer Eiszeit, die vor 3 Millionen Jahren begonnen hat!

Bei dem Wort »Eiszeit« denken die meisten allerdings an eine vergangene Zeit mit Unmengen von Eis und Schnee und Mammuts, die über das verschneite Land wanderten. Diese Zeit wird korrekt als Kaltzeit oder **Glazial** bezeichnet. Eine Kaltzeit ist eine kürzere, besonders kalte Phase in einer Eiszeit. Kaltzeiten und Warmzeiten wechseln sich innerhalb einer Eiszeit ab.

DIE FRANSIGEN FJORDE VON NORWEGEN

EIS HAT SPRENGKRAFT

Wenn es Temperaturwechsel zwischen Plus- und Minusgraden gibt, kann Eis eine enorme Sprengkraft entwickeln und zur Erosion (Verwitterung) von Gestein führen.

Wenn Wasser gefriert, dehnt es sich aus und braucht mehr Platz als im flüssigen Zustand. Wasser, das in Gesteinsspalten gefriert, kann nicht ausweichen und sprengt bei der Ausdehnung den härtesten Fels auf. Dieses Phänomen ist der Hauptgrund für die Verwitterung von Gestein.

Auch für die meisten Pflanzen ist Frost gefährlich. In gefrierenden Blumenstielen tritt der Pflanzensaft manchmal als Eis aus und bildet außen Muster, die wie neue Blüten und Blätter aussehen.

DIE WANDERUNG DER EISGIGANTEN

In den kältesten Regionen der Erde kommen riesige Gebilde aus Eis vor, die **Gletscher.** Sie entstehen über Hunderte von Jahren, indem Schnee auf Schnee fällt und die Schneeschichten mit der Zeit so dick werden, dass sie unter ihrem eigenen Gewicht zu Eis zusammengedrückt werden.

Die Bewegung der Gletscher hinterlässt deutliche Spuren. Gletscher bewegen sich wie unglaublich langsame Flüsse und ziehen dabei riesige Furchen in die Landschaft. Aufgrund der Schwerkraft bewegt sich ein Gletscher immer abwärts, in Richtung Meer, wobei er allerdings nur ein paar Zentimeter jährlich zurücklegt. Gletscher reißen tiefe Täler in die Erdkruste und lassen sich von nichts auf ihrem Weg aufhalten.

Ihre Spuren kann man sogar auf Landkarten erkennen: Sieht eine Küste zerfranst aus? Dann haben sich hier Gletscher den Weg ins Meer gegraben. Die norwegische Küste ist voller solcher Fjorde, tief ins Land eingeschnittene, spitze Buchten mit hohen Steilufern zu beiden Seiten.

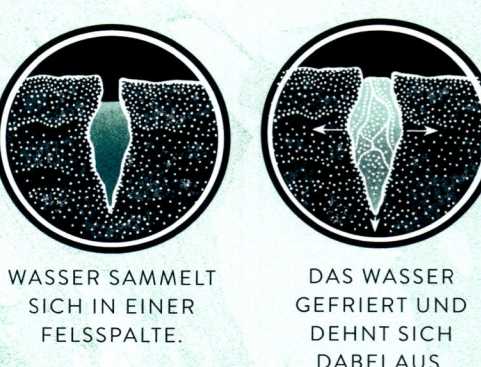

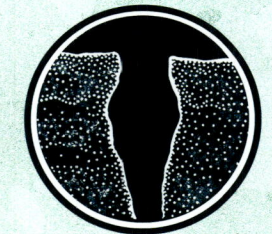

WASSER SAMMELT SICH IN EINER FELSSPALTE.

DAS WASSER GEFRIERT UND DEHNT SICH DABEI AUS.

DER FELSEN WIRD DURCH DEN DRUCK AUFGESPRENGT.

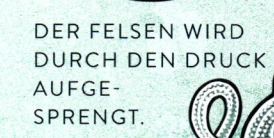

FROSTBLUMEN

DAS EIS SCHMILZT

GLACIER-BAY-NATIONALPARK, ALASKA (USA)

1. BERGTÄLER MIT GLETSCHERN   **2.** EISBERG Riesige Brocken brechen vom Gletscher und stürzen ins Meer   **3.** SEEHUND

Wir befinden uns gerade in einer **Warmzeit.** Das bedeutet, dass Gletscher abschmelzen und weniger werden. Aufgrund des vom Menschen ausgelösten **Klimawandels** geschieht diese Gletscherschmelze allerdings viel zu schnell. Das ist ein großes Problem. Es bedeutet, dass der Meeresspiegel steigen wird und extreme Unwetter zunehmen.

DIE W U N D E R DER M E E R E

DU SCHIPPERST IN EINEM BOOT ÜBER DAS MEER UND HÄLTST AUSSCHAU. DAS MEER WEITET
sich nach allen Seiten. Kein Land in Sicht. Du blickst in das Wasser unter dir. Es erscheint tief, dunkel und
geheimnisvoll. Wusstest du, dass 70 % der Erdoberfläche von Wasser bedeckt ist?

DER MOND UND DIE GEZEITEN

Wenn du schon mal an einem Meeresstrand warst, hast du vielleicht bemerkt, dass
die Uferlinie über den Tag hinweg mal etwas weiter entfernt ist und dann wieder so
nahe kommt, dass du dein Handtuch vor den Wellen in Sicherheit bringen musst.
Diesen Wechsel von Ebbe und Flut nennt man den Gezeitenwechsel. Er wird
durch das Zusammenspiel der Erdanziehung und der Anziehungskraft des Mondes
auf die Wassermassen der Meere verursacht. Das Wasser wölbt sich an der Seite
der Erde, die dem Mond zugewandt ist, und auf der gegenüberliegenden Seite der
Erde auf. Dort steigt der Meeresspiegel und es ist Flut. In den Bereichen
dazwischen weicht das Wasser zurück – es herrscht Ebbe. Da sich die Erde um ihre
Achse dreht und der Mond um die Erde, ist der Wasserspiegel auf den Meeren in
einer ständigen Bewegung. Wir erleben diese Bewegung als Ebbe und Flut.

RIESIGE STRUDEL

Die ständige Bewegung des Wassers mit den Gezeiten kann zu Strudeln führen,
also zu kreisförmigen Bewegungen des Wassers zu einem Mittelpunkt hin. Das
passiert, wenn zwei Strömungen mit unterschiedlicher Richtung aufeinander-
prallen oder wenn sich einer Strömung ein großes Hindernis in den Weg stellt. Die
meisten Strudel sind nicht besonders stark, aber manche können einen solchen
Sog entwickeln, dass sie alles in ihre Mitte und von dort in die Tiefe ziehen, ähnlich
wie bei einer vollen Badewanne, bei der jemand den Stöpsel herausgezogen hat.
Der größte und gefährlichste Gezeitenstrom, der Mahlstrom, befindet sich vor
der Küste Norwegens.

TIEFSEEVULKANE UND RAUCHER

Vulkane gibt es nicht nur an Land, sondern auch am Meeresboden,
besonders in der Tiefsee. Wenn sie ausbrechen, quillt die Lava ins
Wasser und kühlt dort aufgrund des Drucks und der kalten
Umgebung sehr schnell ab. Neuer Meeresboden entsteht.
Wenn immer neue Lava hinzukommt, wächst der Meeresboden
an und es können sogar Inseln entstehen. Zu den Inseln
vulkanischen Ursprungs zählen die Kanarischen Inseln, die
Galapagosinseln und die ganze Inselgruppe von Hawaii. In der
Nähe von Tiefseevulkanen gibt es oft Spalten in der Erdkruste,
aus denen heißes Wasser strömt. Da dieses Wasser sehr viele
Mineralien enthält, ähnelt das Quellwasser hellen oder dunklen
Rauchwolken, weswegen die Quellen **Tiefseeschlote** oder
Raucher genannt werden. Das mineralhaltige Wasser lockt
viele Tierarten an. Möglicherweise begann die Entwicklung des
Lebens auf der Erde an solchen heißen Quellen!

24

BUNTES LEBEN

LEBEWESEN, DIE MAN IN DER NÄHE VON UNTERSEEISCHEN HEISSEN QUELLEN BEIM EIFUKU-VULKAN VOR JAPAN GEFUNDEN HAT:

1. RIESENRÖHRENWÜRMER 2. *THERMARCUS CERBERUS* 3. POMPEJIWURM 4. TIEFSEEMUSCHELN
5. TIEFSEEGARNELE 6. *VULCANOCTOPUS HYDROTHERMALIS* 7. SPRINGKREBS

Die Tiefseeschlote liegen so tief unter dem Meeresspiegel, dass kein Licht dorthin dringt. Ihr Wasser kann bis zu 400 °C heiß sein.
Die meisten Lebewesen könnten unter solchen Bedingungen nicht überleben. Trotzdem herrscht hier unten ein großer Artenreichtum.
Manche Tierarten kommen nur in der Nähe eines einzigen unterseeischen Vulkans vor.

MAGISCHES
HIMMELSLEUCHTEN

ES IST EINE KLARE NACHT IN NORWEGEN. WIRBELNDE BAHNEN AUS GRÜNEM LICHT
ziehen über den dunklen Himmel. Während du zuschaust, mischen sich plötzlich zarte lila
Schleier in das Grün. Ein magischer Anblick!

....

Dieses Phänomen wird Polarlicht genannt, weil es sich am häufigsten in der Nähe von Nordpol und Südpol ereignet.

Die faszinierenden Leuchterscheinungen werden durch den **Sonnenwind** ausgelöst, einen Strom geladener Teilchen, der von der Sonne ausgeht. Aber warum sehen wir das Ganze vor allem nahe den Polen? Das liegt daran, dass die Erde so etwas wie ein riesiger Magnet ist.

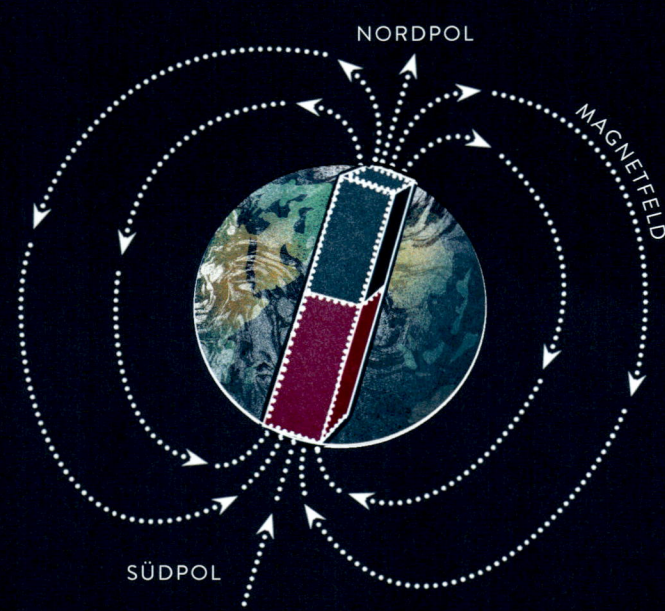

NORDPOL

MAGNETFELD

SÜDPOL

ALLES MAGNETISCH

Dank ihrem festen Metallkern hat die Erde ein starkes **Magnetfeld.** In einem Kompass von der alten Sorte wird sich die Kompassnadel immer an der nord-südlich verlaufenden Erdachse ausrichten, weil sie von dem magnetischen Nordpol angezogen wird.

Das Magnetfeld der Erde wirkt wie ein Schutzschirm, indem es unsere Atmosphäre vor gefährlicher Strahlung aus dem Weltraum, wie z. B. dem Sonnenwind, abschirmt. Doch in der Nähe der Pole befinden sich Einlassstellen, an denen der Teilchenstrom eindringen kann. Die geladenen Teilchen stoßen mit den Gasteilchen der Atmosphäre zusammen und entladen sich, was die Leuchtspektakel auslöst.

Besonders starke Sonnenwindströme können manchmal Technologie wie das Internet stören. Ganz selten passiert es auch, dass ein starker Sonnenwind einen geomagnetischen Sturm auslöst, wodurch überall auf der Erde Polarlichter gesehen werden können!

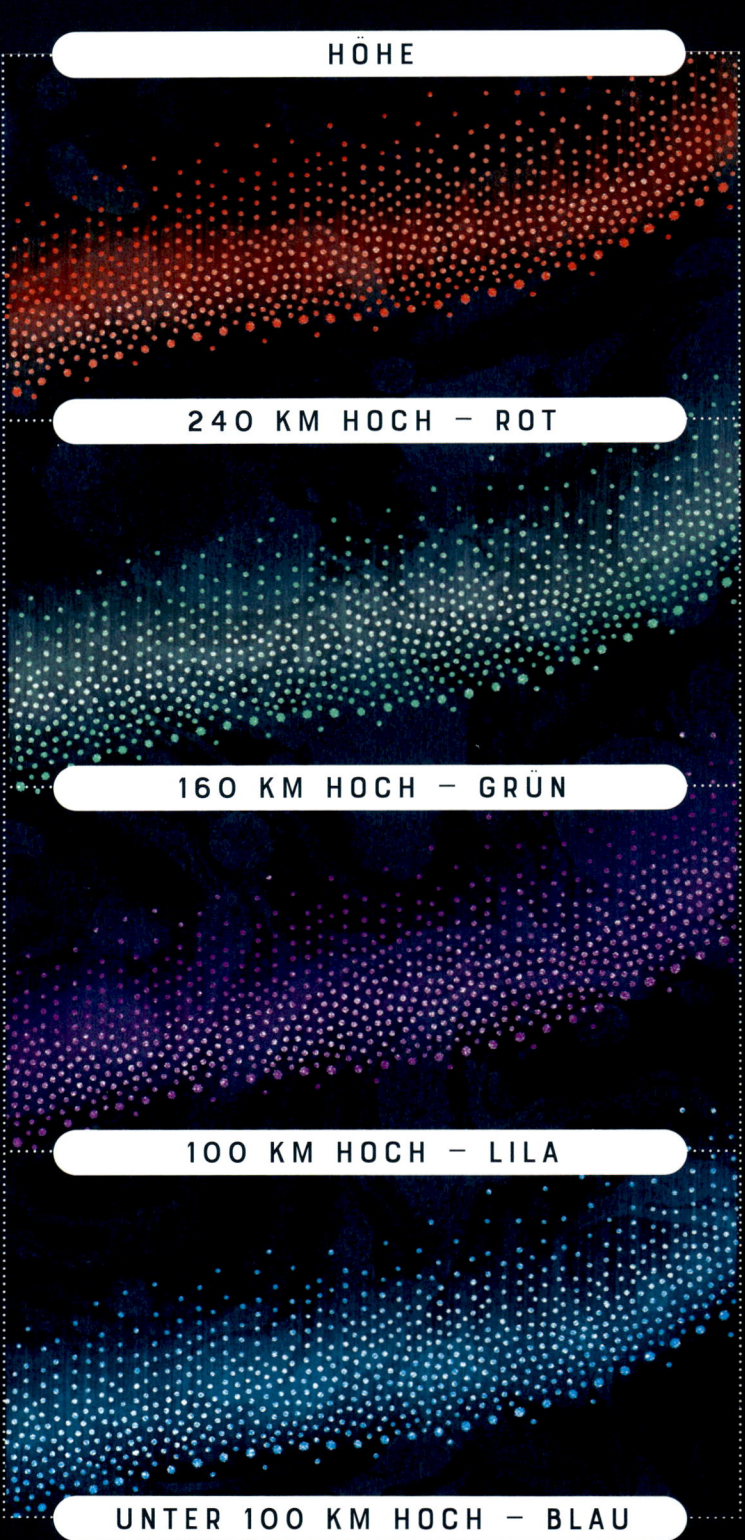

HÖHE

240 KM HOCH – ROT

160 KM HOCH – GRÜN

100 KM HOCH – LILA

UNTER 100 KM HOCH – BLAU

POLARLICHTER IN ALLEN FARBEN

Die häufigste Farbe der Polarlichter ist grün, aber das Zusammentreffen des Sonnenwinds mit den verschiedenen Gasen der Atmosphäre kann in unterschiedlichen Höhen auch unterschiedliche Farben am Himmel leuchten lassen, einschließlich rot, lila und sogar blau! Je stärker der Sonnenwind ist, desto stärker auch das Leuchten am Himmel und desto mehr Farben sind möglich.

MAGISCHES LEUCHTEN

1. SONNE **2.** SONNENWIND **3.** DAS MAGNETFELD DER ERDE SCHÜTZT DIE ERDE VOR DEM SCHÄDLICHEN SONNENWIND. **4.** DIE POLE SIND DIE SCHWACHSTELLEN DES SCHUTZSCHIRMS. HIER KANN DER SONNENWIND IN DIE ERDATMOSPHÄRE EINDRINGEN, WODURCH POLARLICHTER ENTSTEHEN. **5.** ERDE

Oben siehst du Polarlichter über einer norwegischen Landschaft. Sie werden auch Nordlichter genannt, wissenschaftlich *AURORA BOREALIS*. Die Leuchterscheinungen in Nähe des Südpols heißen *AURORA AUSTRALIS* (südliches Leuchten).

WOLKE IST NICHT GLEICH WOLKE

AUFGETÜRMTE WATTIGE WOLKEN ZIEHEN AN EINEM WINDIGEN TAG ÜBER DEN HIMMEL.
Eine sieht wie ein Hund aus, eine andere wie ein Delfin! Temperatur, Windstärke und Höhe
bestimmen, wie eine Wolke geformt ist.

....

SO ENTSTEHEN WOLKEN

Wolken sind Teil des **Wasserkreislaufs.** Das Wasser auf unserem Planeten
befindet sich in ständiger Bewegung, steigt von der Erde in den Himmel und
fällt vom Himmel wieder auf die Erde – seit 3,8 Milliarden Jahren ist das so.
Das bedeutet, dass das Wasser, das du heute trinkst, vielleicht irgendwann
mal Dinosaurier-Pipi gewesen ist. Zum Glück ist der Wasserkreislauf ein richtig
gutes natürliches Reinigungssystem, mit dem das Wasser
immer wieder frisch aufbereitet wird.

1. VERDUNSTUNG

Bei Erhitzung verwandelt sich flüssiges Wasser
in gasförmigen **Wasserdampf.** Diesen Vorgang
nennt man Verdunstung. An warmen Tagen
verdunstet das Wasser an der Oberfläche von
Ozeanen und Flüssen und steigt als
Wasserdampf in die Luft auf.

2. KONDENSATION

Beim Aufsteigen kühlt der Wasserdampf ab und ballt
sich zu winzigen Dunsttröpfchen zusammen. Dieser
Vorgang wird als Kondensation bezeichnet. Die Tröpfchen sind so klein, dass sie in der Luft schweben.
Aus ihnen setzen sich die Wolken zusammen.
Wenn die Umgebung kälter ist, gefrieren
die Tröpfchen zu winzigen Eiskristallen,
was die Wolken dünn und zerfranst
erscheinen lässt.

DER WASSERKREISLAUF

4. RÜCKFLUSS INS MEER

Das Wasser aus Regen und
Schnee muss irgendwohin. Ein
Teil sickert in den Boden und wird zu
Grundwasser. Bei stärkerem Regen wird
eine ganze Menge Wasser in die Flüsse und ins
Meer gespült.

3. NIEDERSCHLAG

Je mehr Wasser in den Wolken
kondensiert, desto größer und schwerer
werden die einzelnen Tröpfchen, bis sie
schließlich als Niederschlag wieder auf die Erde
fallen. Je nach Temperatur kann das Regen,
Hagel oder Schnee sein.

ERSTAUNLICHE WOLKEN

1. *ZIRRUS* (HOHE FEDERWOLKE) **2.** *ZIRROCUMULUS* (HOHE SCHÄFCHENWOLKE) **3.** *ZIRROSTRATUS* (HOHE SCHLEIERWOLKE)
4. *ALTOSTRATUS* (MITTELHOHE SCHICHTWOLKE) **5.** *ALTOCUMULUS* (MITTELHOHE SCHÄFCHENWOLKE)
6. *CUMULONIMBUS* (GEWITTERWOLKE) **7.** *STRATOCUMULUS* (SCHICHT-HAUFENWOLKE) **8.** *NIMBOSTRATUS* (REGEN-SCHICHTWOLKE)
9. *CUMULUS* (SCHÄFCHEN- ODER HAUFENWOLKE)

DIE NAMEN DER WOLKEN

Die Wolkenbezeichnungen stammen von lateinischen Wörtern, die meist ihr Aussehen beschreiben:
ZIRRUS oder *ZIRRO* – fedrig, fransig
STRATUS oder *STRATO* – flach geschichtet
CUMULUS oder *CUMULO* – aufgeplustert, wattig
ALTO – mittelhohe Wolke
NIMBUS oder *NIMBO* – Regenwolke

GEWITTER UND STÜRME

EIN BLITZ ZUCKT ÜBER DEN DUNKLEN, BEWÖLKTEN HIMMEL.

Einen Augenblick später hörst du tiefes Donnergrollen. Der Wind heult und ein peitschender Regen setzt ein. Ein typisches Gewitter!

DONNER UND BLITZ

Ein Gewitter entsteht dadurch, dass warme feuchte Luft aufsteigt und plötzlich abkühlt, wenn sie auf höhere kalte Luftschichten trifft. Der Wasserdampf kondensiert dann schneller als sonst und bildet dunkle Unwetterwolken, die als Regen oder manchmal auch Hagel auf die Erde niedergehen.

In einer Gewitterwolke werden die Wassertröpfchen und Eiskristalle wild durcheinandergefegt, wodurch sie **elektrisch aufgeladen** werden. Die Ladung baut sich immer weiter auf, bis sie plötzlich mit einem **Blitz** auf der Erdoberfläche einschlägt.

EINFACH HAARSTRÄUBEND!

Hast du schon mal einen Luftballon gegen dein Haar gerieben? Dabei wird das Gleichgewicht der elektrischen Ladungen gestört: Der Luftballon nimmt die negative Ladung auf und deine Haare laden sich positiv auf. Dadurch stoßen sie sich gegenseitig ab und richten sich auf. Wenn du bei Regenwetter draußen bist und deine Haare plötzlich zu Berge stehen, dann solltest du schnellstens nach drinnen gehen und dich in Sicherheit bringen, denn gleich könnte ein Blitz einschlagen. Der Blitz heizt die Luft, durch die er fährt, auf fünffache Sonnentemperatur auf. Der Krach, den er dabei macht, das ist der **Donner.** Je kürzer der zeitliche Abstand zwischen Blitz und Donner ist, desto näher ist der Blitzeinschlag. Das liegt daran, dass sich das Licht (was wir sehen) schneller bewegt als der Schall (was wir hören).

WIE EIN WIRBELSTURM ENTSTEHT

EIN HURRIKAN VON OBEN GESEHEN

WIRBELSTÜRME

Vielleicht hast du schon mal den Ausdruck »im Auge des Sturms« gehört. Er bezeichnet den merkwürdig ruhigen Bereich, der sich im Mittelpunkt eines tropischen Wirbelsturms befindet. Solche Wirbelstürme entstehen dadurch, dass warme feuchte Luft über einem tropischen Meer aufsteigt. Die Luft kühlt ab und die Wasserteilchen darin klumpen sich zu Wolken zusammen. Es entsteht ein **Tiefdruckgebiet.** Von dem nachsteigenden warmen feuchten Luftstrom wird die Wolke zur Seite gedrängt. Es entsteht eine riesige kreisende schnelle Luftbewegung.

WANN WIRD EIN STURM ZU EINEM ORKAN?

Da am Anfang eines Sturms immer die Verdunstung steht, gilt die Faustregel: Je heißer und feuchter das Klima in einer Gegend ist, desto heftiger können die Stürme dort werden. Große Wirbelstürme kommen häufig in den Tropen vor. Sie werden nach ihrer Windgeschwindigkeit eingeteilt. Eine mittlere Windgeschwindigkeit liegt zwischen 63 und 118 km/h. Alles, was noch schneller wirbelt, bezeichnen wir als Orkan. Orkane haben je nach Erdgegend unterschiedliche Namen: Über dem Atlantik und dem nordöstlichen Pazifik heißen sie **Hurrikan,** über dem Indischen Ozean oder dem südwestlichen Pazifik **Zyklon** und im Nordwestpazifik **Taifun.**

TORNADOS

Tornados – auch Windhosen genannt – sind trichterförmige Säulen aus Luft, die sich sehr schnell drehen und Gewitterwolken mit dem Erdboden verbinden. Tornados dauern normalerweise nicht lange, aber da sie mehrere hundert km/h schnell werden, können sie in kurzer Zeit schrecklich viel verwüsten.

LICHTPHÄNOMENE

IST DIR KLAR, DASS EIN REGENBOGEN NUR AUS LICHT BESTEHT?

Wenn es regnet und hinter den fallenden Regentropfen die Sonne scheint, siehst du einen Regenbogen.

VON ROT BIS VIOLETT

Wenn Licht in einem bestimmten Winkel durch Wasser-tropfen fällt, erscheint ein Regenbogen. Deshalb kann man Regenbögen auch in dem Gischt eines Wasserfalls sehen oder sogar im Strahl des Gartenschlauchs im Sommer! Auch wenn Sonnenlicht weiß erscheint, enthält es in Wirklichkeit alle Farben. Und wenn es in einen Wassertropfen fällt, wird das Licht in einen Regenbogen aus Farben aufgefächert. Das gebrochene Licht wird dann an der Innenseite des Tropfens einmal reflektiert (zurückgeworfen) und beim Austreten aus dem Tropfen noch einmal gebrochen.

GEKNICKTES LICHT

Licht kann auch seine Richtung ändern und abknicken. Das nennt man Lichtbrechung. Sie findet statt, wenn Licht durch verschiedene durchsichtige Materialien dringt, wie z. B. Luft, Wasser oder Eis. Das Licht dringt durch jeden Stoff in einem anderen Tempo und ändert an der Grenze der beiden Materialien seine Richtung. Das kannst du überprüfen: Stecke einen geraden Gegenstand, z. B. einen Bleistift, in ein Glas Wasser. Es wird so aussehen, als knickte der Bleistift an der Wasseroberfläche ab!

FATA MORGANA

In der Wüste sehen Menschen manchmal Wasserpfützen, die gar nicht da sind. Dieses merkwürdige Naturphänomen nennt man Fata Morgana. An Sommertagen kannst du über einer heißen Teerstraße vielleicht selbst eine Fata Morgana sehen. Die Luft nahe dem Straßenbelag ist sehr heiß und somit optisch dünner.

Das heißt, das Licht gelangt schnell hindurch. Wenn sich darüber kalte Luft befindet, die optisch dichter ist, von Licht also nicht so schnell durchdrungen werden kann, dann wird das Licht an der Grenze der beiden Luftschichten gebrochen. Die Grenzfläche kann wie ein Spiegel wirken, der den Himmel reflektiert. Auf der Straße gespiegelt, sieht er aus wie schimmerndes Wasser.

DIESE ATMOSPHÄRE!

Lichtbrechung und Lichtspiegelung an Eiskristallen in der Luft können sehr schöne Phänomene erzeugen. Lichtsäulen sieht man manchmal nach Sonnenuntergang als senkrecht nach oben fortgeführte Sonnenstrahlen. Halos sind Lichthöfe um die Sonne. Manchmal haben sie sogenannte Nebensonnen an den Seiten.

LICHTSÄULE

HALO MIT NEBENSONNEN

HORSETAIL FALL, YOSEMITE-NATIONALPARK, USA

Wenn die Sonne im Februar gegenüber dem Horsetail-Wasserfall untergeht, sieht es manchmal so aus, als stürzte glühende Lava vom Felsenrand. Deswegen heißt er manchmal auch »Firefall«. Dieser Effekt entsteht durch das schräg fallende Sonnenlicht, das genau im richtigen Winkel auf das Wasser trifft.

ABENTEUER GEOWISSENSCHAFTEN

OB SIE NUN AM RAND EINES VULKANKRATERS MESSUNGEN VORNEHMEN
oder wertvolle Fossilien in Museen katalogisieren – wir verdanken den Geologinnen
und Geologen viele Erkenntnisse über die Naturphänomene auf der Erde.

....

VULKANOLOGIE

Sich ständig in der Nähe von aktiven Vulkanen aufzuhalten, gehört für
Vulkanologinnen und Vulkanologen nun mal dazu! Vulkane sind ihr
Ding. Sie untersuchen, wie ein Vulkan aufgebaut ist und wie
er funktioniert. Zudem beobachten sie die Aktivität
von Vulkanen und entnehmen Gesteins- und
Lavaproben, um diese zu untersuchen.

SEISMOLOGIE

Seismologinnen und Seismologen untersuchen den Aufbau
der Erde, um Erdbeben besser zu verstehen und vorhersagen zu können. Mit speziellen Instrumenten zeichnen sie
Erschütterungen und Bewegungen der Erdkruste auf und
kartieren Grabenbrüche. Sie entwickeln Frühwarnsysteme
für Erdbebengebiete.

OZEANOGRAPHIE

Die Weltmeere erforschen Ozeanographinnen und Ozeanographen.
Sie untersuchen das Gestein des Meeresbodens, die Ökosysteme aus
Meerestieren und -pflanzen, die chemische Zusammensetzung des
Wassers, die Meeresströmungen und wie all das sich gegenseitig
beeinflusst. Eine ganze Menge Arbeit findet im Labor statt. Aber
Ozeanographen machen auch abenteuerliche Forschungs-
expeditionen per Boot, tauchen zu Korallenriffs und wagen
sich in Tauchkapseln in die Tiefe.

METEOROLOGIE

Hast du schon mal daran gedacht, einem Sturm hinterherzujagen? Meteorologinnen und Meteorologen beschäftigen sich mit den Wetterereignissen in der Atmosphäre. Bestimmt hast du sie schon mal bei der Wettervorhersage im Fernsehen gesehen. Dank ihren verschiedenen Messinstrumenten und ihrem Wissen über die Zusammenhänge der Wetterphänomene können sie das kommende Wetter mit ziemlicher Genauigkeit vorhersagen.

KLIMATOLOGIE

Klimatologinnen und Klimatologen erforschen die Langzeitbedingungen des Wetters, also das Klima. Sie tragen Messdaten aus der Atmosphäre, dem Boden und den Ozeanen zusammen und berechnen zukünftige klimatische Veränderungen. Sie interessieren sich auch für das Klima vergangener Zeitalter. Hierbei sind Bohrungen in Gletschern nützlich. Die Eisbohrkerne erlauben wie Fossilien einen Blick in die Vergangenheit: Sie enthalten Eisschichten, die Hunderttausende Jahre alt sind. Die Ergebnisse der Klimaforschung sind für das Verständnis des Klimawandels sehr wichtig. Regierungen erhalten Ideen, mit welchen Gesetzen der Klimawandel gestoppt werden kann.

PALÄONTOLOGIE

Paläontologinnen und Paläontologen beschäftigen sich mit Fossilien und versuchen die Erdgeschichte mit ihrer Hilfe besser zu verstehen. Sie verbringen viel Zeit damit, Fossilien an Küsten, in Steinbrüchen und auf Bergen zu suchen und zu sammeln. Am erfolgversprechendsten ist die Suche dort, wo Gestein abgetragen wird.

SAGEN UND LEGENDEN ÜBER DIE ERDE

HAST DU SCHON MAL AUF EINEN MERKWÜRDIG GEFORMTEN FELSEN GEBLICKT UND DIR EINE GESCHICHTE ausgedacht, wie er entstanden sein könnte? Lange bevor die Wissenschaften Erklärungen für Naturphänomene boten, haben viele Kulturen versucht, die Welt um sich herum durch Geschichten besser zu verstehen.

....

WAS ERFAHREN WIR AUS DIESEN GESCHICHTEN?

Sagen über die Erde beziehen sich oft auf tatsächliche geologische Ereignisse aus der Vergangenheit. Sie können Hinweise für Forschende aus der **Geologie** oder **Archäologie** enthalten, die zu echten Entdeckungen führen. Und sie können zudem eine tiefe Bedeutung für die Menschen haben, aus deren Kultur sie stammen, und sie auf besondere Weise mit ihrer Heimat verbinden.

GRIECHISCHE GÖTTER

Die alten Griechen führten viele Naturphänomene auf das Wirken der Götter zurück.

Erdbeben wurden durch Riesen erzeugt, die vom Göttervater Zeus unter der Erde eingesperrt worden waren. Vulkane galten als Schlote, die zur Schmiede des Feuergottes Hephaistos gehörten. Das passt zu den lauten metallischen Geräuschen, die bei Vulkanausbrüchen manchmal zu hören sind und die an den Klang eines Schmiedehammers erinnern.

DER WETTKAMPF DER HAWAIIANISCHEN GÖTTINNEN

In der hawaiianischen Kultur ist Pele die Göttin des Feuers und der Vulkane. Die Erschafferin der Inseln von Hawaii gilt als sehr hitzig: Wenn sie in Wut gerät, brechen Vulkane aus; Erdbeben ereignen sich, wenn sie mit dem Fuß aufstampft. Sie ist eine zerstörerische, aber auch schöpferische Gottheit, da durch ihre Ausbrüche neue Inseln und fruchtbares Land entstehen.

Viele Sagen über Pele bergen Hinweise auf geologische Phänomene in sich. Das Basaltgestein auf dem Berg Mauna Kea ist angeblich bei einem Wettrodeln zwischen Pele und der Schneegöttin Poli'ahu entstanden. Weil Poli'ahu mit ihrem Schlitten viel schneller war, wurde Pele sauer und warf mit glühender Lava nach ihrer Gegnerin. Poli'ahu brachte sich in Sicherheit und kühlte die Lava mit Schnee. Interessanterweise bildet sich Basalt tatsächlich dann, wenn Lava sehr schnell abkühlt.

VON BÄRENTATZEN ZERKRATZT: DER TEUFELSTURM

Der »Devil's Tower« (Teufelsturm) ist ein kleiner, steil aufragender Berg in Wyoming, USA, der durch Vulkanismus entstanden ist. Auffällig sind seine merkwürdig zerfurchten Hänge.

In der Überlieferung von mindestens 24 indianischen Völkern gibt es ähnliche Legenden über die Entstehung dieses Berges. Die meisten erzählen, dass ihn der Große Geist blitzschnell aus dem Boden wachsen ließ, um Menschen zu retten, die von einem Riesenbären verfolgt wurden. Wütend versuchte der Bär, die Menschen auf dem Gipfel mit seinen Tatzen zu erwischen, und schlug dabei tiefe Kerben in den Fels.

DIE LEGENDE VOM FIMBULWINTER

Es gibt eine nordische Legende über einen endlosen Winter, in Skandinavien Fimbulwinter genannt. Wissenschaftler vermuten, dass er auf die Erinnerung der Wikinger an einen Vulkanausbruch in Südamerika zurückgeht, der so viel Asche in die Atmosphäre schleuderte, dass er die Sonne verdunkelte. Er löste eine dunkle kalte Zeit aus, die mindestens drei Jahre dauerte. Drei Jahre ohne Sonne bedeutet drei Jahre ohne Pflanzenwachstum und Ernten. Das muss für die Menschen eine Katastrophe gewesen sein.

DIE ÄLTESTE GESCHICHTE DER WELT

Die Aborigines in Australien haben ihre Geschichten und Legenden über eine lange Reihe von Generationen mündlich überliefert. Eine Geschichte der Gunditjmara beschreibt wahrscheinlich einen Vulkanausbruch, der vor 37.000 Jahren passiert ist: Vier Riesen landeten an der südöstlichen Küste Australiens. Drei von ihnen zogen weiter ins Landesinnere, einer blieb an der Küste und verwandelte sich in den Vulkan Budj Bim. Seine langen Zähne sind die Lava, mit der er die Landschaft auf dramatische Weise veränderte.

Es gibt weit und breit keinen anderen Vulkanausbruch, der die Menschen zu dieser Geschichte angeregt haben könnte. Und es gibt archäologische Funde, die belegen, dass das Volk der Gunditjmara schon vor 50.000 Jahren in dieser Gegend lebte. Die Legende von dem Riesen gilt als die älteste Geschichte der Menschheit, die mündlich überliefert worden ist.

GLOSSAR

Archäologie Wissenschaft der Menschheitsgeschichte, in der die Hinterlassenschaften von Menschen, z. B. ihre Gebrauchsgegenstände und Bauten, untersucht werden.

Aschewolke Ein Vulkan stößt beim Ausbruch nicht nur Lava aus, sondern auch große Aschewolken, die kleinste und größere Bruchstücke von Gestein, Mineralien und vulkanischem Glas enthalten.

Atmosphäre Die Lufthülle um die Erde, die Sauerstoff, Stickstoff und weitere Gase enthält. In ihr finden verschiedene Naturphänomene statt: Wetterphänomene wie Gewitter und Wirbelstürme, optische Phänomene wie Regenbogen und Polarlichter.

Aussterben Wenn es eine früher verbreitete Pflanzen- oder Tierart heute nicht mehr gibt, ist sie ausgestorben.

Blitz Eine riesige Funkenentladung in einer Gewitterwolke. Der Blitz zuckt durch die Wolke oder von der Wolke bis auf die Erdoberfläche.

Brandungshöhlen Höhlen, die sich an Steilküsten bilden, weil die Brandung (die spritzenden Wellen, die gegen das Ufer schlagen) das Gestein auswäscht.

Bruchschollengebirge Die Erdkruste kann reißen. Einzelne Schollen können herausbrechen und sich nach oben oder unten verschieben. Ein ganzes Gebirge solcher Berge und der Gräben dazwischen heißt Bruchschollengebirge.

Donner Das Geräusch, das beim Blitzschlag entsteht, hören wir zeitversetzt als Donner.

Eiszeit Eine lange Phase mit niedrigen Temperaturen auf der Erde und daher großen Massen an Landeis. Eine Eiszeit kann Millionen von Jahren dauern.

erloschener Vulkan Ein Vulkan, der niemals wieder ausbrechen wird.

Erosion Durch Sonne, Wetter und wechselnde Temperaturen ist die Erdoberfläche der mechanischen Verwitterung ausgesetzt. Auch Gestein verwittert mit der Zeit, es bricht und zerbröckelt. Über einen sehr langen Zeitraum hinweg wird ein Berg allmählich abgetragen.

Faltengebirge Diese Gebirge sind entstanden, weil Erdplatten an ihren Grenzen zusammengeschoben wurden und sich das Gestein aufgefaltet hat.

Fossilien Versteinerte Reste oder Spuren von Pflanzen und Tieren aus der Urzeit. Sie sind in Gestein eingeschlossen und werden oft in Steinbrüchen oder auf Baustellen gefunden.

Gebirgsplateau Flaches Hochland, das auf eine Weise verwittert ist, dass es wie ein Gebirge wirkt.

geladene Teilchen Kleine Teilchen, die elektrisch geladen sind. Elektrische Ladung kann positiv oder negativ sein. Wenn in einer Wolke z. B. der obere Bereich positiv geladen ist und der untere negativ, entsteht eine hohe Spannung, die sich in einem Blitz entlädt.

Geologie Die Wissenschaft von der Erde und ihrem Aufbau.

geomagnetischer Sturm Eine Störung der Erdatmosphäre, verursacht durch den Sonnenwind, bei der das Magnetfeld der Erde geschwächt wird.

Geowissenschaften Ein Sammelname für alle Wissenschaften, die sich mit der Erde befassen: Geologie, Meteorologie, Seismologie, Vulkanologie und noch weitere.

Geysir Eine heiße Quelle, die hohe Wasserfontänen ausstößt.

Gletscher Riesige, sich langsam bewegende Flüsse aus Eis.

Grabenbruch Riesige lange Risse in der Erdkruste. Sie trennen auseinanderdriftende Erdplatten voneinander.

Grundwasser Unter der Erdoberfläche lagerndes Wasser. Es wird aus Regenwasser, das in den Boden einsickert, gespeist und tritt in Quellen und Seen wieder an die Erdoberfläche.

Heiße Quelle Eine Quelle, deren Wasser durch vulkanische Tätigkeit erhitzt ist.

Hurrikan Ein tropischer Sturm, der über dem Atlantik oder dem nördlichen oder nordöstlichen Pazifik entsteht.

Klima Das Wetter in einer bestimmten Gegend und über eine längere Zeit. In Nordeuropa herrscht gemäßigtes Klima: Es regnet über das ganze Jahr verteilt und es gibt warme und kalte Jahreszeiten.

Klimawandel Die Erdatmosphäre heizt sich zurzeit unnatürlich schnell auf. Das liegt an den Einflüssen des Menschen auf das Klima, zum Beispiel am Verbrennen von fossilen Brennstoffen wie Kohle, Erdgas und Erdöl.

Korrosion Im Gegensatz zur Erosion meint Korrosion die chemische Verwitterung.

Kristalle Ein festes Gebilde aus gleichen Atomen oder Molekülen, die sich in einem gleichmäßigen Muster angeordnet haben (Kristallgitter). Viele Kristalle sind im Gestein eingeschlossen. Sie können unterschiedlichste Farben und Formen haben.

Kuppelberg Entsteht, wenn Magma die Erdkruste nach oben drückt und dann zu Vulkangestein erstarrt. Das Magma tritt also nicht an die Erdoberfläche.

Lava Flüssiges oder zähflüssiges geschmolzenes Gestein auf der Erdoberfläche. Lava kann aus einem Spalt in der Erdkruste dringen oder aus einem Vulkan.

Magma Flüssiges oder zähflüssiges geschmolzenes Gestein unter der Erdoberfläche.

Magmatit Gestein, das aus erstarrtem Magma oder erstarrter Lava entstanden ist.

Magnetfeld Der Bereich um einen Magneten herum, in welchem die Magnetkraft wirkt.

Metamorphit Gestein, das durch Druck oder Hitze seine Gestalt verändert hat. Zum Beispiel kann Kalkstein unter Druck zu Marmor werden.

Mineralien In der Erdkruste natürlich vorkommende feste Stoffe, z. B. Metalle oder Salze. Alle Gesteine sind aus Mineralien aufgebaut. Mineralien verbinden sich in geordneter Weise zu Kristallen.

Moleküle Die kleinen Bausteine, aus denen alles aufgebaut ist. Sie bestehen aus den Atomen einzelner Elemente, die sich in bestimmter Weise miteinander verbinden. Ein Sandmolekül kann z. B. aus einem Siliziumatom und zwei Sauerstoffatomen bestehen. Ein Wassermolekül besteht aus einem Sauerstoffatom und zwei Wasserstoffatomen.

organisches Material Überreste von Lebendigem, also von Pflanzen, Tieren und Menschen.

Plateau Hochgelegene flache Landschaft.

Polarlicht Ein natürliches farbiges Lichtspektakel am Nachthimmel, das manchmal in der Nähe des Nordpols und des Südpols zu sehen ist.

Pyroklastische Ströme Eine dichte, sich sehr schnell bewegende Mischung aus heißen Steinbrocken, Vulkanasche und Gasen, die bei Vulkanausbrüchen austreten kann.

Reibung Die Bremskraft, die bei jeder Bewegung zwischen Flächen entsteht. Je glatter die Oberflächen sind, desto geringer ist die Kraft die Reibung. Je rauer die Oberflächen, desto größer die Reibung. Wenn du beim Eishockey den Puck schlägst, schießt er weit über das Eis. Auf einem rauen Straßenbelag käme er lange nicht so weit.

Schlafender Vulkan Ein Vulkan, der seit Langem nicht mehr ausgebrochen ist, bei dem das aber in der Zukunft passieren könnte.

Schichtvulkan Ein kegelförmiger Vulkan mit steil abfallenden Hängen, die sich durch vergangene Ausbrüche gebildet haben (»aufgeschichtet«). Schichtvulkane können sehr heftig ausbrechen.

Schildvulkan Vulkan mit einer sanft aufgewölbten Form (wie der liegende Schild eines Kriegers). Die Ausbrüche von Schildvulkanen sind nicht so heftig wie die von Schichtvulkanen.

Scholle Ein großes Bruchstück aus der Erdkruste, das sich gegen das umliegende Gestein genauso verschieben kann wie eine Erdplatte gegen eine andere.

Sediment Ablagerung von verschiedenen Materialien wie Steinen, Sand, Mineralien und organischem Material auf dem Erdboden oder Meeresboden.

Sedimentgestein Gestein, das sich über einen sehr langen Zeitraum unter Druck aus Ablagerungen (Sediment) gebildet hat.

Sonnenwind Ein ständiger Strom elektrisch geladener Teilchen, der von der Sonne in alle Richtungen strahlt.

Stalagmiten Vom Boden aufsteigende Tropfsteine. Sie werden durch Tropfen gebildet, die auf sie fallen und Mineralien auf ihnen zurücklassen.

Stalaktiten Von der Höhlendecke herabhängende Tropfsteine. Sie werden durch Wassertropfen gebildet, die an ihnen entlangrinnen und Mineralien zurücklassen.

Taifun Ein tropischer Sturm, der über dem Nordwestpazifik entsteht.

Tektonische Platten Fachwort für Erdplatten. Die Erdkruste besteht aus sieben großen einzelnen Erdplatten, die wie Puzzleteile zusammenpassen.

Tiefseeschlote Heiße Quellen in der Nähe von Vulkanen in der Tiefsee.

Tsunami Riesige Flutwelle, die meist von einem Seebeben oder einem unterseeischen Vulkanausbruch ausgelöst wird.

Versteinerung Organisches Material kann über einen sehr langen Zeitraum hinweg und unter Druck zu Gestein umgewandelt werden.

Vulkanische Berge entstehen durch Vulkanausbrüche.

Vulkanisches Gestein Gestein, das sich bildet, indem Lava oder Magma abkühlt und erstarrt (= Magmatit).

Warmzeit Innerhalb einer Eiszeit gibt es Warmzeiten und Kaltzeiten, also etwas wärmere und etwas kältere Zeitabschnitte. In Warmzeiten steigt die Temperatur in der Erdatmosphäre und die Gletscher gehen zurück. Ein anderer Name für Warmzeit ist Interglazial.

Wasserdampf Wasser in gasförmigem Zustand.

Wasserkreislauf Alles Wasser auf der Erde und in der Erdatmosphäre befindet sich in einem ständigen Kreislauf.

Zyklon Ein tropischer Sturm, der über dem Südpazifik oder dem Indischen Ozean entsteht.

REGISTER

A
Archäologie 36, 38
Aschewolken 11, 38
Atmosphäre 8, 38
Aurora 27
Aussterben 13, 38

B
Bärtierchen 18
Berge 14–15
Blitz 30, 38
Brandungshöhlen 20, 38

E
Eis 22–23
Eiszeit 22, 38
Erdbeben 16–17, 34, 36
Erde 8–9
Erdkern 8–9
Erdkruste 8, 14
Erdmantel 8–10
Erdplatten 14, 16–17
Erosion 13, 22, 38

F
Faltengebirge 14, 38
Fjord 22
Fossilien 12, 34, 38

G
Geologie 34, 36, 38
geomagnetischer Sturm 26, 38
Gewitter 30
Geysire 7, 18–19, 38
Gezeiten 24
Glazial 22
Gletscher 7, 22–23, 38
Grabenbruch 17, 34, 38
Grundwasser 18–19, 28, 38

H
Halo 33
Hawaii 36
heiße Quellen 18–19, 25, 38
Hillary, Edmund 15
Höhlen 20–21
Hurrikane 31, 38

K
Kaltzeit 22–23
Klimatologie 35
Klimawandel 23, 35, 38
Kondensation 28
Korrosion 20, 38
Krater 11
Kristalle 20–21, 38
Kuppelberg 14, 38

L
Lava 10–12, 20, 24, 38
Lavaröhren 20
Legenden 36–37
Leuchterscheinungen am Himmel 26–27

M
Magma 10–11, 24, 38
Magmatit 12, 39
Magnetfeld 26–27
Marmor 12
metamorphes Gestein 12, 39
Meteorologie 35
Mineralien 10, 20, 39
Moleküle 21, 39
Mond 24
Mount Everest 15

N
Norgay, Tenzing 15

O
organisches Material 12, 39
Orkan 31
Ozeanographie 35

P
Paläontologie 35
Phänomene 6–7, 32–33
Plattengrenzen 6, 9
Polarlicht 26, 39
pyroklastischer Strom 10, 39

R
Regenbogen 32
Reibung 16, 39

S
Schichtvulkane 10, 39
Schildvulkane 10, 39
Schlot 11
Scholle 14, 39
Sediment 12, 39
Seismologie 34
Sonnenwind 26–27, 39

Stalagmit 20, 39
Stalagnat 20
Stalaktit 20, 39
Stratovulkane 10

T
Taifune 31, 39
Tektonische Platten 8–9, 16, 39
Tiefseeschlote 24–25, 39
Tornados 31, 35
Tsunamis 16, 39

V
Verdunstung 28
Versteinerung 12, 39
Verwitterung 13, 20, 22, 38
Vulkane 7, 9–11, 12, 14, 18, 20, 24, 34, 36–37, 39
Vulkanisches Gestein 12, 14, 39
Vulkanologie 34

W
Warmzeit 22–23, 39
Wasserdampf 28, 30, 39
Wasserkreislauf 28, 39
Wirbelsturm 31
Wolken 28–29

Z
Zyklone 31, 39

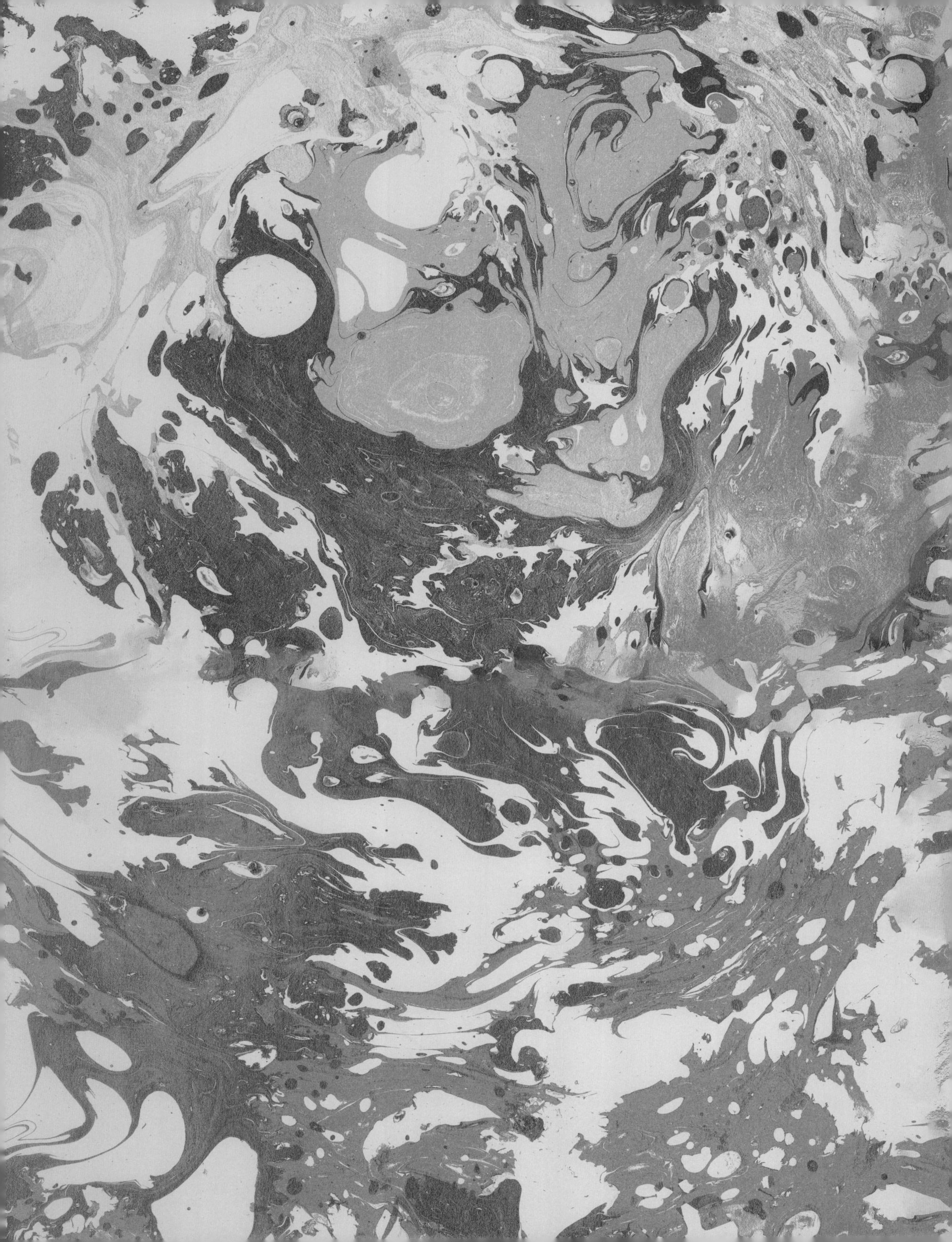